KB033473

여자아이 키울때
꼭알아야할 것들

여자아이 키울 때
꼭 알아야 할 것들

모로토미 요시히코 지음 | 이정환 옮김

0세부터 사춘기까지
여자아이
육아법

🌲 나무생각

사랑하고 사랑받으며
행복한 인생을 사는
여성으로 자라길 바라며

나는 지금까지 20년 이상 교육카운슬러로서 수많은 이들의 육아상담을 해왔다. 아동상담소 카운슬러나 스쿨카운슬러로 일하면서 아이들과 부모의 고민에 귀를 기울여왔다. 지금은 메이지대학 교수로 재직하며 육아나 교육과 관련된 심리학을 가르치고 있다.

여자아이를 키울 때에는 남자아이를 키울 때와는 다른 특유의 고민이 있다. 이 책에서는 특히 여자아이를 '사람을 사랑하고 사랑받는 행복한 인생을 사는 여성', '스스로 삶의 보람을 가지고 현명하게 살아갈 수 있는 여성'으로 키우기 위해 반드시 알아야 할 것들을 전하려 한다.

대부분의 부모들은 딸이 장차 가능하면 평범하고 행복한 결혼을 해서 평범하고 행복한 인생을 보내기를 바란다. 만약 결혼을 하지 않는다고 하더라도 행복하게 살기를 바란다. 나도 딸 하나를 둔 아버지로서 똑같은 마음이다.

　하지만 이것이 쉽지만은 않은 일이다. 다양한 조사 결과를 바탕으로 살펴보면 여성 3~4명 중 한 명은 평생 미혼이라고 한다. 즉, 한 번도 결혼을 하지 않은 채 인생을 보낸다는 것이다. 설사 결혼을 한다고 해도 세 쌍 중 한 쌍은 이혼을 하는 시대다.

　또한 앞으로의 사회를 생각하면 딸의 결혼 상대자가 온전한 직장에 취직할 수 있다는 보장도 없고, 취직을 했다고 해도 구조조정을 당해 생활이 어려워지는 상황도 충분히 일어날 수 있다. 게다가 무슨 일이 일어날지 알 수 없는 것이 인생이다. 남편이 젊은 나이에 세상을 뜰 수도 있다.

　그렇게 생각하면 최근에 여성들 사이에서 흔히 볼 수 있는, 전업주부로 지내고 싶어 하는 경향은 위험성이 매우 높고 운에 맡기는 삶이라고 말하지 않을 수 없다. "연봉 천만 엔 이상의 남성과 결혼할 수 있는 여성은 행복한 여성"이라고 생각하는 사고방식은 남편의 질병, 구조조정, 수입 감소 등 예측하지 못한 작은 변화로도 순식간에 무너져버릴 수 있는 위험한 삶이다. 그렇다고 사랑하는 딸이 생활을 위해 하기 싫은 일을 해야 하는 인생을 보내도록 할 수는 없다.

이러한 문제들을 생각하면 딸이 갖추어야 하는 능력은 '사람을 사랑하고 사랑받으며 행복한 연애와 결혼을 하여 행복한 가정을 만들어가는 능력', '설사 결혼을 하지 않는다고 해도 충분히 스스로 생활할 수 있고 보람을 가지고 일할 수 있는 커리어 능력' 이 두 가지라고 말할 수 있다. 연애와 결혼 그리고 현명하게 살아가는 커리어 능력이 곧 여자의 '행복 능력'인 것이다.

이와 같은 '행복 능력'을 기르기 위한 첫 토대가 바로 영유아기의 사랑과 행복으로 가득한 육아다.

나는 아이는 우주가 엄마 아빠에게 보내준 소중한 선물이며, 부모로서 그리고 인간으로서의 배움과 성장의 기회를 부여해주는 커다란 과제이자 숙제라고 생각한다. 또 부모가 부모로서, 인간으로서 배우고 성장해가기 위해 중요한 기회를 부여해주는 존재다.

모든 아이는 영혼에 오로지 그 아이에게만 주어진 임무(삶의 의미와 사명)가 각인되어 이 세상에 태어난다. 아이들의 영혼은 보이지 않는 세계로부터 찾아와 이 세상에 내려올 때에 엄마 아빠를 그리고 그 DNA를 선택해서 태어나는 것이다.

아직 천상의 보이지 않는 세계에 있을 때부터 아이의 영혼은 엄마와 아빠를 살펴보고 "이 사람들에게 가야겠어. 이 사람들의 DNA를 이 지상의 세계에서 사용할 내 몸으로 빌리도록 하자. 그렇게 하면 내가 하고 싶은 일을 이룰 수 있을 거야. 이 사람들이라면 내가 나의 임무를 완수하기 위해 필요한 애정과 영양과 DNA 그리고 성장을 위해 필요한 혹독한 시련도 줄 수 있을 거야!"라고 부모를 선택하여 이 세상으로 내려오는 것이다.

부디 이런 따뜻한 마음의 눈길로 아이를 지켜보자. 유아기 때부터 이렇게 사랑으로 가득한 눈길로 딸을 지켜보는 태도가 딸이 장차 행복한 인생을 보낼 수 있는 여성이 되는 데 가장 중요한 역할을 한다.

틈이 있을 때마다 토닥토닥 두드려주고 안아주고 뽀뽀해주자. 그리고 "너는 정말 예뻐. 사랑한다. 이 세상에서 제일 소중한 우리 딸!"이라고 말로 표현해주자.

"나는 행복한 사람이야."

아이가 마음속으로 그렇게 느낄 수 있어야 최고의 육아다. 그리고 그 토대는 뭐니 뭐니 해도 엄마 자신의 사랑과 행복이다. 엄마 자신이 의연한 모습으로 흔들리지 않고 안정된, 행복하고 평온한 마음을 유지하면서 아이에게 힘든 일이 생기면 언제든지 돌아갈 수 있는 '마음의 안전기지'가 되어야 한다. 육아에서 이 이상 중요한 것은 없다. 부디 여러분의 육아가 사랑으로 가득 찬 멋진 결과를 낳기 바란다.

이 책에서는 교육카운슬러로서 20년 이상 쌓아온 경험을 바탕으로 이러한 육아를 가능하게 만들어주는 구체적인 지혜와 방법을 소개했다. 이 책이 여러분의 사랑과 행복으로 가득한 육아에 도움이 된다면 나로서는 더 이상의 기쁨은 없을 것이다.

모로토미 요시히코

차례

4장 사춘기 여자아이들의 전쟁터를 이겨내는 방법

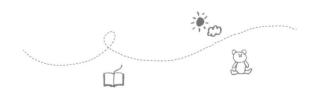

1장

'행복한 여자아이'로 키우는
육아의 기본 원칙

행복한 여자아이의 뒤에는
행복한 엄마가 있다

　　　　이 책은 딸을 키우는 방법에 관하여 구체적인 조언을 해주는 책이다. 하지만 그전에 '기본 중의 기본', 다시 말해 '대원칙'이라고 말할 수 있는 가장 중요한 점을 짚고 넘어가고 싶다.

　바로 '엄마 자신이 행복해야 한다는 것'이다. 이것이 행복한 여자아이를 키우기 위한 대원칙이다.

　딸은 동성인 엄마 자신의 삶에서 직접적인 영향을 받는다. 엄마가 딸의 인생 모델인 것이다. 엄마가 매일 즐겁게 생활하면 딸은 반드시 "그래, 인생은 즐거운 거야!"라고 느끼고, 삶에 적극적인 모습을 보인다. 반대로 엄마가 매일 괴롭고 힘들게 생활하면, "사는 건 고통스러운 거구나" 하고 부정적인 인생관을 가지게 된다.

"아이가 어렸을 때는 일을 나가면 안 된다. 반드시 엄마 손으로 키워야 한다. 엄마니까 일이나 취미는 접어두고 육아에만 전념해야 한다."

이런 생각에 일도 그만두고 인생의 모든 열정을 육아에만 쏟아붓는 이들이 있다. 물론, 아이를 정말 좋아하고 하루 종일 아이와 함께 있어도 즐거워서 견딜 수 없다는 사람이라면 그럴 수도 있다.

하지만 육아는 상상 이상으로 힘들다. 매일 아이에게만 신경을 쓰고 지내면서 스트레스를 받지 않는 사람은 거의 없을 것이다. 자기가 하고 싶은 일이나 취미는 제쳐두고 의무감과 책임감 때문에 아이를 돌보다 보면 그 불만은 반드시 아이에게 전달된다.

"세 살까지는 엄마가 직접 키워야 한다."

아직도 많은 사람들이 이 말을 믿고 있다. 하지만 전 세계 심리학 조사를 통틀어보아도, 이런 사고방식을 입증할 수 있는 증거는 하나도 없다.

여자아이에게 있어서 가장 중요한 것은 엄마 자신이 행복한 여성이어야 한다는 점이다. 엄마가 일을 하는 탓에 하루의 대부분을 놀이방에 맡겨져 매일 네 시간 정도밖에 함께 있을 수 없다고 해도 그 네 시간 동안 엄마 자신이 행복이 넘치는 모습을 보일 수 있다면 그것으로 충분하다. 딸에게 그 행복감이 전해져, "엄마는 나하고 있으면 기분이 좋은가 봐. 행복해 보여"라고 느끼게 되기 때문이다.

딸을 행복한 여자아이로 만드는 가장 바람직한 지름길, 그것은 엄마 자신이 진정으로 행복하게 살아가는 것이다.

이 점을 분명히 기억해두자.

"딸을 둔 나는
정말 운이
좋은 거야!"

딸에게는 여자아이만의, 아들에게는 남자아이만의 장점이 있다.

"진심으로 애정을 쏟아 아이를 키우는 데 아들인지 딸인지는 아무 관계가 없다. 건강하게만 자라준다면 어느 쪽이건 상관없다"라고 생각하는 부모도 적지 않을 것이다.

당연한 말이다. 아이는 하늘에서 내려준 '선물'이다. 아들이건 딸이건 한껏 사랑을 주고 행복한 아이로 키워야 한다. 이 점에 대해서 이의를 제기하는 사람은 없을 것이다.

하지만 엄마들의 육아 경험을 들어보면, 한결같이 "딸이 키우기 편하다!"라고 입을 모은다. 예를 들면, 다음과 같은 점들 때문이라고 한다.

- 딸이 체력적으로 힘이 덜 든다.
- 엄마 자신이 '여자'이기를 포기하지 않아도 된다. 아들을 키우는 엄마들과 비교하면 딸을 키우는 엄마가 젊어 보이는 경우가 많다.
- 딸을 키우는 쪽이 남편의 '육아 참여 의식'이 높다.
- 딸이 아들보다 좌절에 강하고 상처를 받아도 금방 털고 일어선다.
- 어른이 되어서도 부모(특히 엄마)와 소원해지지 않는다.

어떤가? 엄마들의 이야기를 정리해보았는데 딸을 키우는 데에는 '장점'이 이렇게 많다.

"딸을 둔 나는 정말 운이 좋은 거야!"

이렇게 생각하는 엄마들이 많다.

부모가
꼭 알아야 할
육아의 세 가지 단계

"딸이라고 너무 사랑만 베푸는 것은 좋지 않다."

"일찍부터 확실하게 가르쳐야 한다."

육아에 열성적인 부모들 중에는 이렇게 생각하는 사람이 적지 않다.

아이를 올바르게 키우기 위해 마음을 독하게 먹고 엄하게 가르치는 것도 필요하다. 그 때문에 아직 어린 아이를 엄한 말투로 꾸짖는 사람도 있다.

하지만 분명하게 말해둔다. 초등학교에 들어갈 때까지는 '딸바보'가 되어 한없이 사랑을 주는 것이 가장 바람직하다.

일찍부터 훈육을 시켜야 한다는 생각에 엄하게 꾸짖으면 "엄마는 내가 싫은 거야", "엄마는 나를 사랑하지 않아"라는 마음을 심어주게 된다. 이는 긴 안목으로 볼 때 백해무익이다.

그렇다고 언제까지고 사랑만 베풀고 응석을 받아주어도 된다는 말은 아니다. 아이의 성장에 맞추어 필요한 애정의 질을 조금씩 바꾸어야 한다. 육아 방법도 기어 변화를 해야 할 필요가 있다.

구체적으로는 다음과 같은 '육아의 세 가지 단계'를 지키면 된다.

❶ 사랑기: 0세부터 6세 정도까지의 영유아기(태어나서부터 놀이방, 유치원까지)

❷ 훈육기: 6세부터 12세 정도까지의 아동기(초등학생 시기)

❸ 관망기: 10~12세부터 18세 정도까지의 사춘기(초등학교 고학년에서부터 대학생 정도까지)

첫 번째 사랑기는 육아의 토대라고 할 수 있는 중요한 시기다. 이 시기에 엄마에게 "사랑한다, 우리 공주!"라고 끊임없는 사랑을 받은 아이는 "엄마는 나를 정말 사랑해. 나는 무엇과도 바꿀 수 없는 소중한 존재야"라고 생각하게 된다.

이런 기분을 느끼면서 자라면 아이의 마음에 안정감이 생기고 "나는 뭐든지 할 수 있어!", "어떤 것도 겁나지 않아!" 하는 자신감, 즉 자기긍정의식(자존감)을 가질 수 있다.

자기긍정의식은 부모가 아이에게 줄 수 있는 가장 큰 선물이다. 인간은 자기긍정의식을 통해 마음이 충족되고 행복하게 살 수 있게 된다. 그리고 이 같은 자기긍정의식을 길러주려면 부모가 아낌없이 애정을 쏟아부어야 한다.

"우리 딸은 행복한 인생을 살아야 돼."

이렇게 생각한다면 0~6세 정도까지는 아낌없이 애정을 쏟아부어 아이의 자기긍정의식을 높여주어야 한다.

스킨십과
긍정적인 말투로
분명하게 사랑을 전한다

여자아이가 어렸을 때에는 아낌없이 사랑을 쏟아 부으라고 말해도 구체적으로 무엇을 어떻게 해야 좋을지 모르겠다는 부모도 적지 않을 것이다.

여자아이에게 가장 필요한 사랑은 뭐니 뭐니 해도 스킨십이다. 피부와 피부의 접촉이야말로 사랑을 전달하는 데 가장 효과적인 방법이다. 다음과 같은 스킨십을 반복하도록 하자.

- 사랑을 담아 따뜻하게 안아준다.
- 엉덩이를 토닥여준다.

- 힘껏 끌어안는다.
- 볼에 뽀뽀해준다.

　동양인의 육아에서 가장 아쉬운 부분은 부모와 자녀 사이에 스킨십이 별로 이루어지지 않는다는 것이다. 아이가 사랑스러워서 자기도 모르게 끌어안게 되고 도톰하게 부풀어 오른 볼이나 손발을 만져보고 싶은 마음이 자연스럽게 끓어오를 때에는 망설이지 말고 즉시 토닥토닥 스킨십을 하자.

　"다른 사람들 앞에서 아이를 토닥이는 모습은 보기 흉하다", "그런 행동이 너무 지나치면 과보호다"라고 이야기하는 이들도 있는데, 이런 의견에는 귀를 기울일 필요가 없다. 포옹과 스킨십은 아이를 응석받이로 만들거나 과보호를 하는 일이 아니라, 풍요로운 마음을 만드는 데 빼놓을 수 없는 마음의 영양소다. 아이에게 "나는 소중한 사람이야"라는 마음을 가지게 하여, 그것이 자기긍정의식으로 연결되도록 유도해준다.

　사랑을 담은 포옹이나 스킨십은 아이의 심리적인 문제를 해결하는 가장 강력한 도구다. 밤에 울고 칭얼거리고, 제멋

대로 행동하고, 밥을 먹지 않고, 동생을 괴롭히고, 유치원에 가기 싫다고 떼를 쓰는 등의 문제행동 대부분은 이 같은 스킨십을 통해서 해결된다.

그리고 여자아이의 경우, 부모와의 스킨십이 부족하면 중학생, 고등학생이 되었을 때 본심과는 다르게 섹스로 흘러갈 위험성이 높아진다. 불안정한 마음이나 외로움을 충족시키기 위해 좋아하지도 않는 상대와 섹스를 하게 된다. 그 원인 중 하나는 부모와의 스킨십을 통해 안정감을 얻는 경험을 해보지 못했다는 것이다.

애정이 넘치는 부모와의 스킨십을 경험하면 "좋아하지도 않는 사람과는 함부로 섹스를 하는 게 아니야", "사랑이 없는 섹스는 절대로 하는 게 아니야!"라고 생각하게 되어, 위험한 섹스를 스스로 피하게 된다. 부모와의 충분한 스킨십이 사춘기 여자아이의 몸을 지켜주는 방어벽 역할도 해주는 것이다.

스킨십 이외에도 "사랑해!", "소중한 우리 공주!" 하는 식으로 애정을 말로 전달하는 태도도 중요하다.

"우리 귀여운 공주, 사랑한다!"

"이 세상에서 제일 소중한 우리 딸, 엄마의 보물!"

이렇게 말로 표현하는 것을 쑥스럽게 여기는 사람도 있다. 하지만 언어를 통해서 사랑하는 마음을 구체적으로 전하는 것은 여자아이에게 중요한 역할을 한다.

사랑은 말로 전달하지 않으면 알 수 없다. 마음만으로 충분하다고 생각하지 말고 직접적인 언어로 사랑을 표현하도록 하자.

훈육기로 접어들면
'우리 집의 규칙'을
만든다

　　여자아이의 경우, 6~12세의 훈육기는 기본적으로 사랑기의 연장이라고 생각하자. 나이에 비해 어른스러운 아이가 있는 반면, 아직까지 응석만 부린다고 생각할 수도 있다. 하지만 아이에 따라서 개인차가 있을 수는 있지만 초등학교 저학년 정도까지는 어떤 아이이건 응석받이다. 따라서 사랑기의 분위기를 유지하면서 아이를 한껏 사랑해주자.

　단, 훈육기는 그 이름대로 확실하게 훈육을 시켜야 하는 시기다. 이 시기에 아이는 초등학교에 입학하고 반이 바뀌는 등의 과정을 거치면서 자신을 억제하고 사회의 규칙에 자신을 맞추는 방법을 배우게 된다. 그러므로 모든 것을 학교에만 맡기지 말고 '세상의 규칙', '해야 할 일', '해서는 안 되는 일'을 부모가 직접 가르쳐주어야 한다.

여자아이를 훈육할 때 유념해야 할 점은 다음 세 가지다.

- '안 돼!'나 '노(NO)!'를 말로 전달한다.
- 아이의 자발적인 행동과 판단을 존중한다.
- 반드시 지켜야 할 '우리 집의 규칙'을 정한다.

'안 돼!'나 '노(NO)!'를 말로 전달한다

떼를 쓰는 아이에게 잔소리를 늘어놓으면서도 시끄러운 것이 싫어서 결국은 아이가 원하는 것을 해주는 부모들이 있다. 이런 일이 계속 되풀이되면 아이는 울면서 떼를 쓰면 뭐든지 얻을 수 있다고 생각하게 되어 자신의 행동을 억제하거나 컨트롤할 수 없게 된다.

단, 감정적으로 야단치거나 무조건 "안 돼!"라고 쏘아붙이는 말투는 바람직하지 않다. 따뜻하고 부드러운 말투로, 아이에 대한 신뢰감을 토대로 삼아 부탁하듯 말하는 것이 좋다.

☀ "이런 곳에서 시끄럽게 떠들면 다른 사람들에게 피해를 주는 거야. 그러니까 조용히 말해야 돼. 넌 할 수 있지? 그렇게 해주면 엄마가 정말 편할 거야."

여기에서 중요한 것은 "엄마가 어떠할 것이다"라는 식으로, 엄마가 자기 자신을 주어로 삼아 자신의 마음을 이야기해야 한다는 것이다. 이렇게 '나'를 주어로 삼아 엄마의 마음을 전해야 아이의 마음에 도달하기 쉽다. 이와 같은 방법을 '나-메시지(I-message)'라고 부른다. '나-메시지'는 아이의 행동을 부정하는 것이 아니라 엄마 자신의 마음을 전달하기 때문에 아이가 엄마의 말을 순수하게 받아들이기 쉽다.

이에 비해,

☁ "이런 곳에서 시끄럽게 떠드는 건 나쁜 아이야! (너는) 왜 말을 듣지 않니!"

이렇게 '너'를 주어로 삼아 아이를 꾸짖는 말투는 바람직하지 않다. 이런 말을 들으면 아이는 "엄마는 나를 미워하는 거야", "나는 나쁜 아이야"라고 자신을 부정하게 된다.

아이의 자발적인 행동과 판단을 존중한다

아이에게는 '이걸 해보고 싶다', '저걸 해보고 싶다'는 나름 대로의 생각이 있다. 부모가 시키는 대로만 행동하는 것이 아니라, 자신이 하고 싶다고 생각하는 일이나 자신의 머리로 생각한 아이디어를 적극적으로 행동으로 옮기려 하는 것이다.

부모의 입장에서만 판단해서 '불안하다', '제대로 할 줄 모른다'고 생각할 수도 있지만, 아이의 그런 행동을 부정하거나 막으려 하지 말고 "그래, 한번 해봐"라는 마음으로 끈기 있게 지원해주도록 하자.

특히 여자아이의 경우, '실패를 경험하게 하고 싶지 않다', '확실하게 끝내게 하고 싶다'는 마음 때문에, "이렇게 하는 게 더 나아", "이건 이런 식으로 해야 돼"라며 쓸데없이 참견을 하고 간섭을 하기 쉽다. 하지만 이런 참견이나 간섭은 아이에게 도움이 되기는커녕 자립심을 빼앗는 결과만 낳는다. "내가 생각하는 건 아무 소용이 없어", "엄마가 시키는 대로 하면 돼"라고 여기며 꼭두각시 인형이 될 가능성이 있는 것이다.

초등학교 여자아이는 부모의 행동이나 반응을 끊임없이 관찰하면서 그것을 모델로 삼아 해도 되는 것과 해서는 안 되는 것, 올바른 것과 옳지 않은 것을 판단하는 법을 나름대로 배워간다.

초등학생 시기는 아이에게 선악의 판단이나 사회의 규칙, 예절을 갖추게 하는 데 가장 적합한 시기다. 단, 그때 너무 세심하게 주의를 주는 방식은 권하고 싶지 않다.

"이것만큼은 절대로 해서는 안 된다"라는 최소한의 규칙을 정하고, 그 규칙을 아이가 스스로 지킬 수 있도록 도와주어야 한다.

"다른 집에 가면 인사를 해야 하는 거야."

"어두워지기 전에 반드시 집으로 돌아와야 돼."

"친구끼리는 돈을 빌려주거나 빌리지 않는 거야."

"친구에게 상처를 주는 말이나 천박한 말은 절대로 하지 않는 거야."

이런 규칙을 올바르게 갖추게 하는 것이 아이의 몸과 마음을 지키는 중요한 '방어벽'을 만들어주는 것이다.

아이의 미래를 위해
사회적 규칙을
지키게 한다

최근에는 가족이 해외여행을 간다거나, 휴일의 혼잡을 피해 한가한 평일에 유원지로 놀러가기 위해서 등 레저를 위해 학교를 쉬게 하는 부모도 적지 않다.

가끔은 틀에서 벗어나 쉬게 하고 싶은 부모의 마음도 이해하지 못하는 것은 아니지만, 나는 이런 사고방식은 권하고 싶지 않다. 누구나 한가한 평일을 택해서 놀러가고 싶어 하고, 요금이 싼 시기에 해외여행을 가고 싶어 한다. 하지만 이렇게 자기합리화를 하는 '특별한 상황'을 만들어버리면 아이는 "학교에 가기 싫을 때는 가지 않아도 되는구나", "내 상황을 가장 우선적으로 생각해야 하는구나" 하고 생각하게 된다. 자기만큼은 규칙을 지키지 않아도 된다고 생각하는 것이다.

이런 사고방식이 평생 통용된다면 문제가 되지 않을 수도 있다. 그러나 사회에 진출하여 회사에 입사한 뒤에도 자신의 상황만을 우선시하여 독단적인 행동을 한다면 당연히 주위에서 용납할 리가 없다. 그때가 되어 후회하는 것은 아이 자신이다.

설사 친구 집에서는 허락을 했다고 해도 '우리 집의 규칙'을 만들어두는 것이 아이 입장에서 볼 때 마음의 의지가 된다. 처음에는 "우리 집은 너무 엄격해. 친구 집은 마음대로 할 수 있는데……"라고 생각할 수도 있지만, 언젠가 그 규칙을 우리 집의 '우리 집다움'으로 받아들이게 되어 아이의 심리적 안정과 연결된다. 아이와의 대화를 통해 '우리는 우리', '이것은 우리 집의 규칙'이라는 틀을 만들어두자.

사춘기에는
육아의 '기어 변화'가
필요하다

열 살 정도가 되어 사춘기로 돌입하면 아이는 '자신의 생각'을 가지게 된다. 동시에, 부모의 지시나 부모가 정한 규칙 등을 지겹게 생각하기 시작한다.

"어른이 하는 말은 따분해."

"내게도 내 생각이 있어."

이와 같은 마음에서 반발을 하는 경우가 많다. 또한 친구끼리의 관계가 밀접해지기 때문에 가족이나 부모보다 친구들과의 관계가 중심이 된다.

특히 여자아이의 경우 초등학교 4, 5학년부터 고등학교

1학년 정도까지는 친구들과의 인간관계 속에서 어떻게 행동해야 하는가 하는 점에 신경을 쓰게 된다. 타인보다 자신을 중심으로 자기주장을 강하게 내세우는 남자아이와 달리 여자아이는 자신보다는 타인을 중심에 두며, 주위 친구들과의 인간관계에 대해 상당히 민감해진다.

누구와 친구가 될 것인지, 반에서 어떤 그룹에 들어갈 것인지, 여자아이들 사이에서 발생하는 따돌림을 어떻게 헤쳐나갈 것인지 등이 학교라는 사회에서 살아가는 데 사활이 걸린 문제로 대두되는 것이다.

국립교육대책연구소의 조사에 의하면 초등학교 4학년부터 중학교 2학년 사이에 괴롭힘이나 따돌림을 당해본 경험이 있는 아이가 무려 90퍼센트에 이른다고 한다. 유감스럽지만 여러분의 아이가 괴롭힘이나 따돌림을 당하지 않을 것이라는 보장은 없다.

하지만 걱정이 되어 마음을 졸인다고 문제가 발생하지 않는 것은 아니다. 부모들 중에는 아이의 고민을 어떻게든 해결해주기 위해 필요 이상으로 간섭을 하여 문제를 보다 심각하게 만들거나 오히려 아이의 의욕을 꺾어버리는 경우도 적지 않다.

친구, 진학, 이성 문제 등 사춘기 여자아이는 많은 고민을 끌어안고 있다. 그런 아이에게 부모가 해줄 수 있는 것은 엄마 자신이 "무슨 일이 있어도 해결할 수 있다"는 마음가짐으로 의연한 자세, 안정된 자세를 갖추는 것이다. 그리고 아이의 행동을 약간 거리를 두고 지켜보면서 아이가 SOS를 보낼 때 최선을 다해 귀를 기울여주어야 한다.

무슨 일이건 엄마가 나서서 일일이 보살펴주었던 10세 정도까지의 육아에서 대폭 기어 변화를 해야 한다.

열 살이 되면
엄마가 아이 곁에
있어주는 것이 좋다

하지만 '지켜보는 것'은 사실, 이것저것 뒤를 봐주는 것보다 훨씬 어려운 일이다.

나는 지금까지 육아와 관련된 강연회 등에서 "아이가 열 살이 되면 집으로 돌아가 아이 곁에 있어주라"는 주장을 해왔다.

"아이가 초등학교에 들어갈 때까지는 집에서 아이를 돌보고, 열 살 정도가 되어 혼자 놀 수 있게 되면 일을 나가야 한다"라고 생각하는 사람이 많다. 하지만 나를 비롯한 심리카운슬러 동료들의 생각은 정반대다.

10~15세 정도까지의 사춘기는 아이, 특히 여자아이의 마음이 인생에서 가장 불안정해지기 쉬운 시기다. 따라서 아이가 힘든 상황에 놓였을 때 언제든지 스스로 SOS를 보낼 수 있도록 옆에 있어주어야 한다. 아이가 학교에서 돌아오는 시간에는 가능하면 집에 있어주는 것이 최고다.

여기에서 중요한 점은 '참견하지 않고 지켜보는 것'이다. "이렇게 해라, 저렇게 해라" 하고 참견을 하거나 아이에게 일어나는 사건에 일희일비하는 것이 아니라, "힘들 때는 언제든지 엄마가 도와줄게" 하는 따뜻한 마음으로 의연하게 지켜보는 것이다.

일이 바빠서 일찍 돌아올 수 없는 경우에는 함께 있는 짧은 시간만이라도 아이의 긴장된 마음을 부드럽게 풀어주는 분위기를 만들도록 노력하자.

여자아이의 특기는
피아노가 최고

영유아기 때부터 여자아이의 특기로 인기가 있는 것은 피아노, 발레, 수영, 영어회화 등이지만, 가장 권하고 싶은 것은 뭐니 뭐니 해도 피아노다.

피아노는 아름다움이나 순수함에 감동할 줄 아는 풍부한 감성을 길러줄 뿐만 아니라, 악보를 읽고 리듬을 타는 과정을 통해 지적능력을 높여준다. 손가락을 움직이는 것도 두뇌 발달에 좋은 영향을 준다. 어떤 뇌과학자는 "특기는 피아노만으로 충분하다. 다른 특기를 이것저것 시킬 바에는 피아노 하나만 확실하게 배우게 하는 것이 바람직하다"라고 말할 정도다.

물론, 싫어하는 아이에게 무리하게 피아노를 가르칠 필요는 없다. 아이가 배우고 싶어 하는 것을 배우게 하는 것이 가장 바람직하다. 하지만 권하고 싶은 것이 특별히 없는 경우에는 피아노 학원에만 보내도록 하자.

다양한 것들을 배우며 여러 가지를 경험해보게 하는 것도 나쁘지 않지만, 한 가지만 지속적으로 배우는 것이 실속 있는 결과를 얻을 수 있다.

설사 실력이 향상되지 않는다고 해도 유치원 때부터 초등학교를 졸업할 때까지 꾸준히 피아노를 쳤다는 경험은 매우 소중하다. 아이의 성취감을 높여주고 자기긍정의식을 길러줄 수 있는 예능이나 특기를 찾아보자.

칭찬보다는
'함께 즐거워하는 자세'가
중요하다

　　최근에는 아이의 의욕을 북돋워주기 위한 부모의 마음가짐으로서 '칭찬하는 교육'이라는 교육론이 주류를 이루고 있다. 그러나 이 '칭찬하는 교육'에는 커다란 결함이 있다. 왜냐하면 칭찬을 받는다는 것은 일종의 '상'이기 때문에 '칭찬을 해주지 않으면 움직이지 않는 아이'가 되어버릴 수 있다. 칭찬받고 싶어서 청소를 하는 아이는 칭찬을 해주지 않으면 청소를 하지 않는 아이로 자라게 되는 것이다.

　　그렇다면 어떻게 해야 좋을까?

　　정답은 칭찬으로 교육하는 것이 아니라, 함께 즐거워할 수

있는 대상으로 교육하는 것이다. 위에서 내려다보는 방식으로 칭찬을 하는 것이 아니라,

"잘했어. 아빠가 좋아하실 거야."
"그렇게 실망할 필요 없어. 지난번과 비교하면 훨씬 나아졌잖아. 엄마는 정말 깜짝 놀랐어."

이렇게 노력을 한 아이에게 "엄마는 기분이 좋다"라는 엄마 자신의 즐거운 마음을 전해준다.

형제나 친구와 비교하여 "○○에게 이기면 칭찬해줄게"라고 말하는 부모도 있는데, 이런 칭찬이야말로 최악이다. 다른 사람과의 승패에만 얽매여, 이길 수 있는 가능성이 없으면 완전히 무기력한 상태에 빠지는 사람으로 자라기 쉽다.

아이들은 학교나 학원에서의 공부를 비롯하여 모든 것이 경쟁 대상이다. 그런데 부모가 다른 아이와의 승패에 집착하면, 아이는 다른 아이에게 이겼을 때에만 자신에게 만족하고 다른 아이에게 지면 자기는 아무런 가치가 없는 사람이라고 생각하게 된다. '칭찬한다', '꾸짖는다'가 아니라 '함

께 즐거워한다'는 자세로 아이를 대하도록 하자.

물론, 아이 입장에서 보았을 때 "열심히 노력했는데 엄마는 칭찬을 안 해줘"라고 생각할 수도 있다. 그럴 때에는 적절하게 칭찬을 해준다.

그 비결은 다음과 같다.

❶ 즉시 칭찬한다.

❷ 눈을 보고 머리를 쓰다듬으면서 칭찬한다.

❸ 결과가 아니라 노력한 과정을 칭찬한다.

이 세 가지다.

첫 번째 '즉시 칭찬한다'는 것은 그 자리에서 즉시 심리적인 상을 받는 효과가 있다. 다양한 심리학 실험에 의하면 어떤 일을 한 후 그 보상이 주어질 때까지의 기간이 짧을수록 능력이 신장된다는 결과가 있다.

두 번째 '눈을 보고 머리를 쓰다듬으면서 칭찬한다'는 커뮤니케이션의 기본이다. 아이는 어른이 생각하는 것 이상으로 예민하기 때문에 눈을 바라보지 않으면 "진심일까? 말만 칭찬해주는 게 아닐까?" 하고 생각한다.

　마찬가지로, 머리를 쓰다듬으면서 칭찬하면 그 말이 아이의 마음에 전달되기 쉽다. 10세 정도까지는 머리를 쓰다듬으면서 칭찬하는 것이 절대적인 효과를 발휘한다.

　가장 중요한 것은, 세 번째 '결과가 아니라 노력한 과정을 칭찬한다'이다. 시험이나 시합의 결과만 칭찬해주게 되면 아이 자신도 결과(성적이나 승패)에만 얽매이게 된다. 때문에 성적이 나쁜 상황이 이어지면, "어차피 나는 안 돼……" 하고 모든 것을 포기하거나 의욕을 잃어버리게 된다.

　"평소에는 매일 20분밖에 공부를 안 하더니 오늘은 1시간이나 했네. 엄마는 정말 깜짝 놀랐어. 이렇게 노력하다 보면 언젠가 좋은 성적이 나올 거야."

　이와 같이 과정을 칭찬해주어야 한다. 그렇게 하면 아이도 "그렇구나. 노력을 하면 그 노력을 인정받는 거구나"라고 생각하여 의욕을 가지고 더욱 열심히 노력하게 된다.

작은 노력을 찾아서
구체적으로
칭찬한다

"아이의 행동을 함께 즐거워하라고 해도 우리 아이는 무엇 하나 잘하는 게 없어요. 그래서 뭘 어떻게 즐거워해야 좋을지 모르겠어요……."

엄마들의 이런 하소연도 흔히 들을 수 있다. 그럴 때에는 기준을 조금 낮추어 아이의 '작은 노력'을 발견하도록 해보자. 엄마 입장에서 보면 사소한 것이라고 해도 아이 입장에서는 열심히 노력했을 수 있는, 그러한 작은 노력의 흔적을 반드시 찾을 수 있을 것이다.

예를 들면, 선생님에게 받은 가정통신문을 전에는 잊어버리기만 했는데 이제는 똑바로 전달하게 되었다고 해보자. 그럴 때에는 즉시, "잊어버리지 않았구나, 우리 착한 공주" 하고 칭찬해준다. 그다음 날 또 잊어버릴 수도 있지만 그때는 조용히 넘어간다.

아이가 노력한 행동을 구체적으로 칭찬해주는 것도 중요하다. 노력한 결과만을 칭찬하는 것이 아니라 그 과정을 구체적으로 칭찬하는 것이다. 예를 들면,

☀ "한자를 하나하나 정성스럽게 썼네. 한자 연습은 많이 외우는 것만 중요한 게 아니라 이렇게 정성을 다해서 써보는 것도 중요해."

☀ "운동회에서 춤 정말 멋있었어. 집에서 매일 연습하더니…… 고생했어."

결과보다 과정이 중요하다는 것은 어른의 세계에서도 마찬가지다. 마음을 담아 무엇인가를 하는 것, 어려움에도 굽히지 않고 도전하는 것은 결과보다 훨씬 중요하다.

구체적으로 칭찬하려면 아이를 잘 관찰해야 한다. 아이의 행동을 가능하면 세밀하게 관찰하고 약간의 변화나 진전을 찾아내지 못한다면 '칭찬의 명수'는 될 수 없다.

칭찬하면서 키운다고
오만한 아이로
자라지는 않는다

칭찬을 너무 자주 해서 오만한 아이로 키우는 것이 아닌지 걱정하는 이들도 있다.

"칭찬만 해주면 잘난 척하는 아이로 자라지 않을까요?"

"별것 아닌 걸로 칭찬을 자꾸 해주면 노력을 안 하게 되는 게 아닐까요?"

"너무 자주 칭찬을 하면 아이가 노력을 하지 않거나 오만해진다. 따라서 아이를 위해서는 엄격한 태도로 대하는 것이 좋다"고 생각할 수도 있다.

하지만 카운슬링을 통해서 아이들의 심리를 들으면서 느끼는 점은 지나친 칭찬보다 지나친 엄격함이 아이의 마음이나 인생에 훨씬 나쁜 영향을 끼친다는 것이다.

예를 들어,

시험에서 90점을 받아 좋아하는 아이에게

☁ "뛰는 놈 위에 나는 놈이 있는 거야. 그 정도로 만족하지 말고 백 점을 받을 수 있도록 노력해봐."

이렇게 말하는 아빠가 있다. 아이는 공부에 완전히 흥미를 잃어버릴 것이다.

힘든 과제를 극복하지 못하고 우울해하는 아이에게

☁ "그런 것도 못 해? 할 수 있는 데까지 최선을 다해야지."

라고 말하는 엄마도 있다. 아이는 "어차피 나는 안 돼"라고 생각하여 완전히 자신감을 잃게 된다.

아이에게 의욕을 북돋워주기 위해 질타하고 격려해주려는 마음은 충분히 이해할 수 있다. 하지만 늘 이런 말을 듣게 되면 아이는 어차피 나는 안 된다는 무력감에 빠져버린다.

여자아이의 부모들 중에는 "우리 아이는 뭐든지 잘해요. 그래서 특별히 칭찬해줄 필요가 없어요"라고 말하는 사람도 있다. 하지만 이런 아이도 엄마에게 칭찬을 받고 싶어서 필사적으로 노력하고 있는 경우가 적지 않다. 무엇이든 잘하는 우수한 아이라고 해도 "잘했어"라고 기뻐해주는 엄마의 웃는 얼굴을 보고 싶어 하는 것이다.

부모에게서 인정받지 못하고 성장하면 아무리 뛰어나도 항상 자신에게 자신감을 가지지 못하는 사람으로 자란다. 그 때문에 "어차피 나는……" 하고 자신을 비하하거나, 반대로 자의식 과잉 상태가 되어 자만심만 가득한 사람으로 자라기 쉽다.

늘 자연스러운 모습으로 밝게 빛나면서도 품위 있는 태도를 갖춘 여성, 불쾌감이나 혐오감을 주는 행동은 전혀 보이지 않는 품격 있는 여성은 어린 시절에 칭찬을 듬뿍 받고 자란 여성이다.

유소년기의
식사 예절이
여성의 품격을 결정한다

　　남성이 여성을 대하면서 가장 큰 환멸을 느끼는 순간이 바로 식사를 하는 모습을 보았을 때다. 식사하는 도중에 휴대전화만 만지작거리거나, 무릎을 세우고 앉아서 좋아하는 음식만 골라 먹기⋯⋯. 이 같은 행동을 목격하고 "이 여자는 아니다"라고 마음을 먹는 남성도 적지 않다. 그러한 여성에게서 '품격'을 느낄 수 없기 때문이다.

　　식사 예절은 어린 시절부터의 습관이 큰 영향을 끼친다. 어른이 된 이후에는 쉽게 바뀌지 않는다.

- 텔레비전을 보거나 게임을 하면서 식사를 하지 않는다.
- 양념을 사용했다면 다른 사람들에게도 건네주는 등의 배려를 한다.
- 무릎을 세우고 앉아 식사하지 않는다.

이런 기본적인 매너를 갖추게 하자. 품격 있는 식사 예절은 여자아이에게 평생의 재산이 된다.

또한 식사를 할 때 상을 차리는 엄마를 돕는다거나 아이가 할 수 있는 요리를 돕게 하는 습관을 어린 시절부터 갖추게 한다.

2장

지적 호기심이 있는 아이로 키우는
공부 방법

여자아이는
남자아이에 비해
집중력이 높다

　　　　　초등학생이나 중학생 남자아이를 둔 엄마들에게는
"아무리 말을 해도 공부를 안 해요. 어떻게 해야 좋을까요?"
라는 상담을 자주 받는다. 하지만 여자아이의 엄마에게는 이
런 상담을 받는 경우가 거의 없다. 왜 그럴까?

　　남자아이의 뇌와 여자아이의 뇌에 차이가 있기 때문이다.
'반항하고 싶어 한다', '1등이 되고 싶어 한다', '전쟁놀이나
장난을 좋아한다'는 특징이 천성적으로 뇌에 프로그래밍되어
있는 남자아이에 비해 여자아이는,

- 다른 사람의 말을 순수하게 받아들인다.
- 배운 것을 열심히 연습하려 한다.

이와 같은 특징이 뇌에 프로그래밍되어 있다.

여자아이가 칠판에 씌어져 있는 글을 그대로 옮겨 적거나 선생님이나 엄마의 말을 그대로 수행하는 능력이 뛰어난 이유도 여자아이의 두뇌 특성 때문이다.

또한 남자아이의 경우 도파민이라는 신경전달물질이 뇌 속에 다량으로 분비되기 때문에 '뜨거워지기도 쉽고 차가워지기도 쉬운' 경향이 있다. 도파민은 공격성이나 의욕을 높여주어 무엇인가에 대해 일사불란하게 행동하는 집중력을 향상시켜주지만, 어떤 일에 집중하는가 싶으면 얼마 안 있어 다른 대상에 흥미를 느끼는 식으로 쉽게 싫증을 내는 원인으로 작용하기도 한다.

이에 비해 여자아이는 한 가지 일을 시작하면 가능한 한 끝까지, 성실하게 수행하려는 집중력이 있다. 남성과 비교할 때여성이 말이나 글자 등을 기억하는 능력이 높은 이유도 끈기 있게 지속하는 집중력이 높기 때문이다.

'순수하게 받아들이는 능력'이 높은 여자아이는 "잘했어", "믿음직해"라는 격려의 말에 집중력을 더욱 높여간다. 그러므로 아이의 능력을 길러주는 긍정적인 말을 자주 들려주도록 하자.

긍정적인 말투로
아이의 의욕을
높여준다

　　아이는 늘 부모에게서 들은 말을 마음속으로 되풀이한다. 부모에게서 "우리 예쁜 딸"이라는 말을 주문처럼 듣고 자란 아이는 "나는 예쁜 아이야"라고 생각하게 되어 여성으로서의 자신에게 자신감을 가진다. 그리고 이윽고 다른 사람들에게도 "예쁘다"는 말을 들을 수 있는 '사랑받을 수 있는 아우라'를 발하는 여성으로 성장한다.

　　여자아이는 부모에게 들은 말을 남자아이 이상으로 강하게 받아들인다.

"너는 머리가 정말 좋아."

"틀림없이 할 수 있어. 해보자."

이런 긍정적인 말투는 아이의 의욕을 북돋워주는 데 도움이 된다. 반드시 아이에게 이 같은 말을 들려주도록 하자. 긍정적인 말이 아이의 마음에 "나는 할 수 있어"라는 긍정적인 자기이미지를 심어주어 "그래, 해보자!"라는 의욕을 높여준다. 말에는 현실에서의 행동을 만들어내는 마법의 힘이 깃들어 있다.

한 초등학교에서 있었던 이야기다. 아이들이 복도를 뛰어다녀서 "복도에서 뛰지 말 것!"이라고 쓴 쪽지를 붙였더니, 반발을 느꼈는지 아이들이 전보다 더 심하게 뛰어다녔다. 그런데 글귀를 "여러분은 조용히 걸어 다닐 수 있는 학생들입니다"라고 긍정적인 말로 바꾸었더니 뛰어다니는 아이들이 순식간에 줄어들었다.

인간은 다른 사람으로부터 듣는 '말'에 크게 좌우된다.

"너는 정말 멍청이 같아. 도저히 가망이 없는 아이야."

이런 부정적인 말을 지속적으로 듣게 되면 정말로 자신이 머리가 나쁘다고 믿게 된다. 그리고 갈수록 공부에 의욕을 잃고 성적도 떨어진다.

설사 시험 점수가 나빴다고 해도, "너는 사실은 잘할 수 있어. 그건 엄마가 누구보다 잘 알고 있어"라고 긍정적인 말을 해주면 아이는 다시 도전해보고 싶은 의욕을 느끼게 된다.

엄마의 즐거움이
아이의 도전정신을
자극한다

"우리 아이는 스스로 뭘 해보려고 하지 않아요"라
고 고민하는 엄마들이 있다. 네 살이 된 마도카의 어머니도
그런 이들 중 한 명이었다.

"선생님, 우리 마도카는 너무 무기력해요. 심심하면 '엄마,
심심해. 뭐 재미있는 일 없어?'라면서 저를 조르기만 해요. 내
년에 동생이 태어날 예정인데 그렇게 되면 마도카에게만 매
달려 있을 수도 없고……. 남편은 늘 늦게 들어와요. 스스로
재미있는 대상을 찾아서 혼자 놀 수 있는 그런 아이가 되었으

면 좋겠는데 방법이 없을까요?"

"지금은 뭘 하면서 시간을 보냅니까?"

"간식 먹고, 소꿉장난 하고, 텔레비전 보고……. 공원에 놀러 가는 경우도 있기는 해요. 공원에 가면 친구들도 있고요. 하지만 친구들과 노는 모습을 보아도 마도카는 친구가 하자는 대로만 할 뿐이어서……."

"수동적인 경향이 강하다는 말씀인가요?"

"네. 가끔은 자기가 먼저 '이거 하자' 하면서 제안을 해도 될 텐데 늘 수동적이에요. 좀 더 적극적인 아이가 되었으면 좋겠는데……."

"네 살이라면 수동적이어도 상관없습니다. 친구들과 어울려 놀 수 있다면 그걸로 충분합니다."

"하지만 친구가 뭘 하자고 하면 내키지 않으면서도 따라가는 경우도 있는 것 같아요. 재미있었냐고 물어보면 '그냥' 하고 재미없었던 것처럼 대답하거든요. 그러면 자기가 하고 싶은 걸 하면서 놀면 좋을 텐데요."

"그럼 우선 어머니 자신이 즐겁다고 생각하는 것을 마도카에게 같이 해보자고 제안해보는 게 어떻겠습니까? 어머니가 즐겁다고 생각하는 것을 마도카와 함께 해보는 겁니다."

"네? 제가 즐거워하는 거요? 마도카가 즐거워할 수 있는 걸 찾는 데 저의 즐거움이 무슨 관계가 있지요? 그리고 아이가 네댓 살이 되면 스스로 즐거운 대상을 찾아야 하는 것 아닌가요?"

"그렇지 않습니다. 여자아이는 엄마와 함께 무엇인가를 즐기는 과정을 통해서 자신의 즐거움을 발견해갑니다. 어머니가 즐거움을 느낄 수 있는 대상은 어떤 것이 있을까요?"

"……저는 과자 만드는 걸 좋아해요. 레스토랑에서 귀여운 과자를 보면 직접 만들어보고 사진도 찍고 그래요."

"그거 좋은데요? 그럼 마도카와 함께 과자를 만들고 사진을 찍어서 블로그에 올려보는 게 어떻겠습니까? 아이와 함께 하려면 시간도 걸리고 성가실 수 있지만 어머니와 마도카가 함께 즐길 수 있다는 점을 생각하면 그 정도는 문제가 되지 않겠지요."

"아이에게는 아이만의 놀이가 있다고 생각했는데 그렇지 않은가요?"

"네. 무리 없는 범위에서 할 수 있다면 어려워도 아이는 즐거워할 겁니다. 지금부터 시작한다면 과자 만드는 기술이나 사진 찍는 실력도 어머니 이상으로 잘하게 될 수도 있지요."

"그런가요? 왠지 가슴이 설레네요. 그럼 간단한 샤베트부터 시작해봐야겠어요."

"스스로 생각해봐"보다
흥미의 폭을 넓힐 수 있도록
도움을 준다

마도카 정도의 나이 또래 여자아이들은 '엄마와 함께'면 강한 의욕을 보인다. 친구와 노는 것도 재미있지만, 엄마와 함께 즐겁게 노는 것을 통해 다양한 대상에 대한 흥미와 지적 호기심을 드러낸다.

"하고 싶은 게 뭔지 스스로 생각해봐"라고 모든 것을 아이 자신에게 맡기는 부모가 있는데 갑자기 스스로 생각해보라는 것은 어려운 주문이다. 함께 즐거운 일을 하거나 함께 어딘가로 외출을 하는 식으로 부모가 자극을 주어 흥미의 폭을 넓힐 수 있도록 도와주는 것이 중요하다.

여자아이는 엄마의 모습을 흉내 내면서 성장한다. 엄마의 즐거운 모습을 보면 "인생은 즐거운 거야"라고 느끼게 된다.

자기 자신의 즐거움을 전해 딸이 즐거움을 발견할 수 있도록 도와주자.

앞서 가지 말고
아이가 흥미를 발견할 때까지
기다린다

　　　　부모들 중에는 우수한 것을 많이 접해야 풍요로운
인생을 보낼 수 있는 아이로 자란다고 생각하여 아이가 다양
한 것을 접할 수 있는 기회를 만들어주기 위해 노력하는 사람
도 있다. 하지만 너무 많은 것들이 주어지면 아이는 스스로
흥미를 느낄 수 있는 대상을 찾을 기회가 없어 주어진 것을
받아들이기만 하는 아이가 될 수 있다.

"이 책은 명작이니까 읽어둬야 해."
"예술성을 기르려면 미술학원에 다녀야 돼."

물론 경험을 하게 하는 정도라면 상관없지만, 조언이 너무 지나쳐도 아무 도움이 되지 않는다.

　아이란 본래, 자연스럽게 흥미를 느끼고 "이거, 해보고 싶다!"라고 생각하는 것에만 열중하는 법이다. 아이 자신이 열중하지 않는 것을 아무리 강요한다고 해도 아이에게는 도움이 되지 않는다.

조기교육은
'즐거운 이벤트'처럼
시도한다

　　'두세 살부터 시작하는 ○○트레이닝', '아이를 천재로 만들어주는 ○○식 육아'와 같이 조기교육과 관련된 서적이나 텔레비전 프로그램이 많이 있다. 그러나 그런 내용들을 정말 믿어도 되는 것인지 불안해하는 부모들도 적지 않다.

　일곱 살짜리 아들과 세 살배기 딸 리나의 어머니를 예로 들어보자.

　"선생님, 조기교육은 역시 두세 살부터 시작하는 것이 좋겠지요?"

"네? 전에는 조기교육은 바람직하지 않다, 아이는 나이에 맞게 키워야 한다고 말씀하시지 않았습니까? 리나가 태어난 다음부터 조기교육에 관심을 갖게 된 건가요?"

"그런 건 아니지만……. 리나는 말도 빨리 배우고, 그래서 일찌감치 재능을 살려주는 것도 나쁘지 않다는 생각이 들어서요."

"그렇군요. 나쁘지는 않습니다. 엄마와 함께 즐기다 보면 리나도 흥미를 느끼겠지요."

"영어회화는 두 살 안에 레슨을 시작하면 원어민과 거의 같은 발음을 할 수 있다고 하잖아요. 사내 공용어로 영어를 사용한다는 기업도 나타나고 있고요……. 영어 실력을 갖추어 두면 손해는 없을 것 같아요."

"그렇긴 하지요. 하지만 어린 시절에 영어를 잘했다고 해도 어른이 된 뒤에는 전혀 입을 떼지 못하게 된 사람도 적지 않습니다."

"……그런가요?"

"만약 영어회화를 시작한다고 해도 너무 집착하지 말고 육아를 즐기기 위한 이벤트 중의 하나라는 정도로 생각하는 게 좋습니다."

"이벤트 중 하나라고요?"

"네. '엄마하고 함께 영어 공부 좀 해볼까?' 하는 식으로 즐기는 것이 최선입니다. 그래서 만약 잘한다면 더할 나위 없겠지요. 하지만 적성에 맞지 않아 잘하지 못한다고 해도 '아, 아쉽다. 뭐 어때. 이 정도면 잘하는 거지' 하는 마음으로 받아들일 수 있어야 합니다."

"그렇군요. 조기교육이라고 하면 왠지 긴장이 되었는데 중요한 건 아이와 함께 즐기는 자세로군요."

조기교육적
분위기에
주의한다

조기교육 그 자체에는 문제가 없다. 지적인 능력의 일부를 확실하게 계발할 수도 있다.

위험한 것은 아이는 그렇지 않은데 부모가 조기교육에 빠져 '좀 더 일찍, 좀 더 정확하게'를 요구하는 태도다. 그렇게 되면 아이는 정신적으로 압박을 당하게 되어 머리가 아프다거나 배가 아프다는 식으로 여러 가지 신체적 증상을 드러낸다. 즉, 문제는 조기교육 그 자체보다는 '조기교육적 분위기'다.

'좀 더 일찍, 좀 더 정확하게'라는 조기교육적 분위기는 아이를 위축시키고, 부모의 기대에 어떻게든 부응하려 하는 '착한 아이'로 키우게 된다. 하지만 무리가 이어지면 언젠가 마음에 구멍이 생긴다.

　조기교육을 시킬 것인지 결정을 내려야 할 때에는 아이의 능력보다 아이와 부모가 함께 즐길 수 있는 대상인지를 가장 먼저 고려해야 한다.

　엄마 자신이 실수는 용납하지 않는 완벽주의, 다른 아이와 비교하는 라이벌 의식을 억제할 수 없다면 조기교육은 권하고 싶지 않다.

'멍한 상태'일 때
내면은
더욱 풍요로워진다

부모가 조기교육에 관심을 가지는 배경에는 지난 몇 년 동안 극심해진 격차사회에서의 교육의 격차, 즉 "아이의 미래의 생활은 부모에게서 받은 교육에 의해 정해진다"라는 풍조가 깔려 있다. 또한 "아이가 장래에 힘든 생활을 하지 않도록 가능하면 교육을 시켜주는 것이 부모의 의무다"라고 부모의 책임감을 지나치게 의식하고 있는 사람도 많이 있다.

하지만 아이 교육에서 중요한 것은 부모가 무엇인가를 '시키는 것'만이 아니다. 쓸데없이 간섭을 하거나 참견을 하지 않는 것, 아이의 내적인 성장을 끈기 있게 지켜보는 것도 부모의 중요한 역할 중 하나다.

"우리 아이는 늘 멍하게 앉아 있어요……. 건강이 나쁜 것도 아닌데 물끄러미 뭔가를 바라보거나 인형만 만지작거리고 있어서 정말 걱정이에요."

그런 아이의 모습이 걱정되어 뭔가 방법을 찾아야겠다는 마음에 초조해하는 부모도 있다. 하지만 멍한 표정으로 앉아 있거나 조용히 생각에 잠겨 있는 것처럼 보이는 태도가 결코 나쁜 것만은 아니다. 얌전한 아이나 말수가 적은 아이는 어른이 상상도 할 수 없을 정도로 내면에서의 사고 활동이 활발하게 이루어지고 있거나 감수성이 풍부하고 세밀하게 주위를 관찰하는 경우가 많다.

《아이와 고독(Children and Solitude)》의 저자인 엘리스 볼딩(Elise Boulding)은 아이의 생활에서 혼자 있는 시간의 중요성에 관하여 지적하면서, 인간에게는 혼자 있을 때에만 일어날 수 있는 일종의 내면적 성장이 있으며, 그 때문에 혼자가 되어 자신과 대화하는 시간을 가지지 못하고 끊임없이 외부세계로부터 자극을 받으면 상상력이나 창조성 발달이 방해를 받는다고 말했다.

아이가 본래 갖추고 있는 상상력이나 창조성의 싹을 자르지 않으려면 멍하니 앉아 있는 시간도 소중하게 여겨야 한다는 점을 잊지 말자.

자기 방이 아니라
거실에서 공부하게 한다

"텔레비전만 보지 말고 빨리 방에 들어가서 공부 좀 해!"

숙제를 하지 않는 아이를 보고 답답한 마음에 이런 말을 하는 엄마도 적지 않다. 하지만 이런 말은 금물이다. 자기 방에서 책상 앞에 앉아 혼자 조용히 공부할 수 있는 아이는 없기 때문이다.

그럼 어떻게 해야 할까?

책상을 방에서 거실로 옮기고 거실에서 공부하는 습관을 갖추게 하는 것이다. 거실에서 공부를 하면 집중력이 향상되어 성적이 오르기 쉽다고 한다.

"그럼 초등학생에게는 자기 방이 필요하지 않나요?"

그렇다. 여자아이에게 자기 방을 준비해주어야 하는 것은 사춘기로 접어들어 개인적인 공간이 필요해지는 11~14세 정도다(개인차가 있다). 그때까지는 오히려 방을 따로 마련해주지 않는 것이 성적 향상에 도움이 된다.

부모와 함께
공부하는 방법을 통해
학습 분위기를 조성한다

아이가 공부하는 습관을 갖추게 하려면 처음 10분에서 20분 정도를 엄마나 아빠와 함께 공부하는 것이 좋다. 10~20분이면 충분하다. 이렇게 하여 쉽게 학습 분위기로 접어들기 어려운 아이를 도와주는 것이다.

물론, 처음부터 끝까지 옆에 붙어서 가르쳐줄 필요는 없다. 처음 10분 정도만 지켜본 뒤에, "다 끝나면 이야기해"라고 말하고 볼일을 보면 된다. 공부가 끝나면 채점을 해주는 것도 좋은 방법이다.

"함께 공부하고 채점하고…… 귀찮아서요. 그런 건 학교에서 해야 할 일 아닌가요?"

이렇게 말하는 이들도 있을지 모르지만 처음 10분만이라도 부모가 함께 공부하면 아이가 손쉽게 학습 분위기를 잡을 수 있다. "공부 좀 해!" 하고 고함을 지르는 것보다 "자, 엄마하고 공부해볼까?" 하고 권하는 것이 공부하는 습관을 훨씬 쉽게 갖출 수 있다.

초등학생 아이들은 아무리 말을 잘 한다고 해도 아직 어린 아이다. 혼자 공부하는 것은 너무 외롭다. 아이에게는 무리다.

덧붙여, 부모에게 독서하는 습관이 있으면 아이의 성적이 오르기 쉽다는 데이터가 있다. 아이의 성적을 올릴 수 있는 환경을 만들고 싶다면, 우선 부모 자신이 독서(공부)를 하는 모습을 보여주는 것이 그 지름길일 수도 있다.

공부 잘하는
아이가 되는
비밀의 법칙

"공부를 얼마나 시켜야 좋을까?" 하는 문제로 고민하는 엄마들도 있다.

초등학교 저학년일 때에는 학교에서 매일 내주는 숙제만 잘 한다면 그것으로 충분하다. 숙제 이상의 공부를 무리해서 시킬 필요는 없다. 이 시기에 중요한 것은 공부를 잘하는 것이 아니라 공부하는 습관을 갖추는 것이기 때문이다.

그러나 초등학교 3학년 후반부 정도가 되면 "숙제만으로는 부족해. 문제집도 풀게 하자"라고 생각하는 부모가 많이 있다. 가정에서 문제집을 준비할 때 아래 두 가지는 꼭 지켜야 한다.

- 전체 페이지 수가 적은 것을 구입한다.
- 한 쪽에 담긴 문제의 양이 적은 것을 구입한다.

아이에게 성취감을 안겨주고 의욕을 북돋워주기 위해 이 두 가지는 매우 중요한 포인트다. "한 쪽을 끝냈다", "한 권을 끝냈다"라는 성취감은 "나는 공부를 잘할 수 있어"라는 자신 감을 키워주고 공부하는 습관을 갖추게 해준다.

여기에서 정말로 공부를 잘하는 아이가 실천하고 있는 '비밀의 법칙'을 소개하겠다. 다름 아닌, 같은 문제집을 완벽하게 소화할 때까지 되풀이한다는 것이다. 좋은 학교에 합격한 아이들 대부분이 입을 모아 같은 말을 한다.

그러나 어떤 대상이건 쉽게 질리는 아이의 입장에서 볼 때 이것이 쉬운 일은 아니다. 이럴 때, 교육에 열성인 부모들 중에는 스파르타식으로 공부를 강요하는 사람도 있는데 무리해서 공부를 강요하면 아이가 공부에 싫증만 느낄 뿐 아무런 이점도 없다.

부모 입장에서는 "어떻게든 공부를 하게 해야 돼"라는 생각에 초조한 마음이 들 수도 있지만 매일 조금씩 반복적으로 공부를 하면 필요한 실력은 반드시 갖출 수 있다.

또한 초등학교 저학년 정도까지는 공부보다 친구하고 노는 게 더 재미있다는 심리가 강하다. 따라서 학교에서 돌아온 아이에게 아무리 "숙제부터 하고 놀아!"라고 말해도 공부에 집중하기 어렵다.

그럴 때에는 공부는 일단 제쳐두고 마음껏 놀게 하자. 그리고 놀이가 끝난 뒤에 텔레비전을 보거나 저녁식사를 할 때까지 10~20분을 공부하는 시간으로 정해놓으면 된다.

'친구하고 놀고 나면 15분은 공부한다'와 같이 일정한 리듬을 만들어 하루에 한 번은 공부를 하는 것이 당연하다는 습관을 갖추게 하는 것이다.

내성적인 아이는
분위기가 따뜻한 학교를
선택한다

아이가 즐겁고 충실한 학교생활을 보낼 수 있는가 하는 문제는 그 학교에 어떤 아이들이 다니고 있는가, 어떤 분위기를 갖추고 있는가 하는 '친구 환경'이나 '학교 풍토'에 의해 결정된다.

특히 "우리 아이는 내성적이에요", "신경질적이고 소심한 성격이에요"라고 생각하는 경우에는 통학권에 있는 지역 풍토나 분위기를 확실하게 조사해보고 아이의 교육을 첫 번째로 생각한 환경을 선택해야 한다.

임대료가 싸기 때문에, 도심에 가깝고 편리하기 때문에 등

주거지를 선택하는 기준은 여러 가지가 있을 수 있지만 내성적이거나 신경질적인 아이가 있을 경우에는 어느 정도 불편이나 경제적인 지출을 감수하더라도 지역 환경이 좋고 분위기 좋은 학교가 있는 곳을 선택하는 것이 바람직하다.

아이가 초등학교에 입학할 때에 자기 집을 마련하려는 사람도 적지 않다. 하지만 예산에만 신경을 쓴 나머지, 아이의 교육 환경이 뒤로 밀려나는 선택만큼은 반드시 피해야 한다. 그 이유는 일단 주택을 구입하면 아이의 학교생활에 심각한 문제가 발생하더라도 참고 살 수밖에 없기 때문이다.

"집안 사정에 맞추는 게 당연하지 않나요? 학교에서 조금 안 좋은 일이 일어나더라도 그 정도는 정신력으로 이겨내야지요."

이런 의견도 있을 수 있다. 하지만 요즘 학교에서 발생하는 문제, 특히 초등학교 4학년부터 중학교 3학년 정도에 걸쳐서 발생하는 문제들은 정신력으로 이겨낼 수 있을 정도로 만만한 것들이 아니다.

결국 견디지 못해서 등교거부를 하거나 방에 틀어박혀 은둔형외톨이로 전락하는 이유는 아이 자신이 나약하기 때문이 아니다. 그만큼 학교 환경이 심각하기 때문이다.

물론, 분위기가 나쁜 학교에서도 즐겁게 적응하는 아이도 있다. 하지만 "분위기가 시끄러운 교실에서는 도저히 공부에 집중할 수 없어요"라고 말하는 아이도 적지 않다.

보내고 싶은 학교의 통학권에 예산에 맞는 집이 없을 경우에는 주택 구입을 잠시 미루고 임대주택을 얻는 것도 선택 방법이 될 수 있다.

학교 자체의 '질'이 중요하다

아이가 초등학교 3, 4학년이 되면 중학교 진학 문제로 고민을 하는 부모들도 있다.

지역의 일반 중학교에 보낼 것인가, 아니면 명문 사립 중학교 시험을 볼 것인가. 내년에 초등학교 5학년이 되는 유이의 어머니도 학원에서 보내온 '공개 모의고사' 안내문을 받아 보고 고민에 빠졌다.

"선생님, 명문 사립 중학교는 어떨까요? 초등학생 때부터 시험 준비를 해야 한다는 게 약간 거부감이 들기는 하지만……. 학원에서 온 안내문을 보면 왠지 한번 도전해보는 것도 나쁘지 않을 것 같은 생각이 들어서요.”

“중요한 것은 명문 사립 중학교를 갈 것인가, 일반 중학교를 갈 것인가 하는 점이 아니라, 아이가 다니게 될 학교의 질이 어떤가 하는 것입니다.

아이가 내성적이거나 섬세한 부분이 있고 지역 중학교의 환경이 좋지 않다면 명문 사립 중학교 시험을 보는 것도 나쁘지는 않겠지요. 하지만 명문 사립 중학교의 분위기가 일반 중학교보다 반드시 낫다는 보장은 없습니다. 여러 가지 부분을 비교해보면 일반 중학교도 꽤 장점이 있습니다.”

“저희가 사는 지역에 있는 일반 중학교는 소문이 그렇게 나쁜 편은 아니에요. 학교 환경도 나쁘지 않고 다니고 있는 학생들도 평범한 그런 느낌이에요. 이른바 문제아들은 거의 보이지 않아요. 교복 대신 사복을 입고 다니지만 꽤 반듯해 보이고요.”

“그렇다면 일반 중학교에 보내도 문제는 없을 것 같은데요. 그 학교에 다니고 있는 아이 부모님에게 분위기를 물어보고 학교의 상황이나 평판을 될 수 있으면 정확하게 판단해보시지요. 그래서 괜찮다는 판단이 내려진다면 굳이 명문 사립 중학교에 보내는 것보다 일반 중학교가 나을 수도 있습니다."

아이를 위해 좋은 학교를
선택할 때
가장 중요한 점

나는 공립과 사립을 불문하고 전국의 수많은 학교를 돌아다니면서 실제 수업 분위기를 살펴보고 선생님들의 연수도 담당해왔다. 그 경험을 토대로 학교를 어떻게 선택해야 하는지 조언을 하고자 한다.

아이를 위해 좋은 학교를 선택하는 포인트는 이 한 가지다.

"선생님들끼리 사이가 좋고 즐거운 분위기에서 근무하는 학교를 선택하라."

선생님들이 화기애애한 분위기에서 사이좋게 근무하고 있는가, 무언가 어색한 관계에서 근무하고 있는가 하는 문제는 학교 분위기에 상당한 영향을 끼친다. 대부분의 아이들은 그런 분위기를 즉시 알아채기 때문이다.

일반적으로, 교사의 이동이 없는 사립학교는 인간관계가 고정되기 쉬운 경향이 있다. 교사들끼리 화기애애한 분위기를 유지하며 사이좋게 지내는 경우에는 그 관계가 그대로 이어지고, 반대로 어색한 경우에도 그러한 관계가 줄곧 이어지기 쉽다. 그리고 분위기가 나쁜 학교는 학생들에게도 그 영향이 미친다. 교사의 의욕이 떨어지기 때문이다.

눈에 보이는 커리큘럼도 중요하지만 그 이상으로 학교나 선생님들의 분위기를 체크하도록 하자. 다양한 행사에 참가해보는 것만으로도 어떤 분위기가 형성되어 있는 학교인지 충분히 짐작할 수 있을 것이다.

하나의 재단에 소속된
중·고등학교의
장단점

　　　사립학교 중에는 한 재단이 중학교와 고등학교를
모두 소유하고 있는 경우가 많다. '○○부속중학교', '○○부
속고등학교'와 같은 식이다. 이렇게 재단이 동일한 중학교와
고등학교를 다닐 경우, 각각 장단점이 있다.

　먼저 도움이 되는 장점은 다음과 같다.

• 6년 동안 같은 친구들과 보낼 수 있기 때문에 인간관계
  가 깊어진다.
• 14~15세라는 인생에서 가장 심리가 불안정한 시기에

변화가 없는 안정된 환경에서 공부할 수 있다.

• 그 학교의 교육이념에 충실한 깊이 있는 교육을 받을 수 있다.

또한 그 학교의 교육이념에 찬성하는 학부모들의 자녀들이 모이기 때문에 동질성이 높아진다. 공립학교처럼 어떤 아이가 있는지 알 수 없는 학교가 아니기 때문에, 이런 점에서는 안심할 수 있다.

하지만 다음과 같은 점들은 단점으로 작용한다.

인간관계의 변화를 꾀할 수 없다

여자아이의 경우, 중학교와 고등학교의 사춘기는 친구들과의 관계가 매우 어려운 시기다. 사이좋은 친구를 만들지 못하거나 따돌림을 당하는 등 중학교에서 고통스러운 경험을 겪게 되는 아이가 많은데, 고등학교에 진학하여 다른 친구들을 만나게 되면 자신의 캐릭터를 바꾸어 새로운 인간관계를 만들고 활력을 얻을 수 있다. "고등학교 진학을 계기로 중학교 시절의 힘든 인간관계에서 벗어날 수 있었다"라고 말하는 경우도 적지 않다.

하지만 같은 재단의 고등학교에 진학하게 되면 6년 동안 같은 친구들과 함께 생활할 수밖에 없기 때문에 인간관계에서 변화를 꾀하기 어렵다.

다양한 사람들과의 커뮤니케이션 능력을 훈련할 기회가 줄어든다

공립학교는 공부를 매우 잘하는 학생부터 거의 제로에 가까운 학생들까지, 부유한 가정의 자녀들부터 가난한 가정의 자녀들까지 그야말로 다양한 종류의 학생들이 모여 '현실 사회의 축소판'과 같은 상황을 연출한다. 이처럼 공립학교에서는 각양각색의 친구들과 어울림으로써 다양한 사람들을 상대하기 위한 인간관계 능력을 갖출 수 있다.

이에 비해 하나의 중학교, 고등학교가 이어져 있는 사립학교인 경우에는 비슷한 실력에 비슷한 타입의 학생들이 다니기 때문에 동질성이라는 안도감은 얻을 수 있는 반면, 공립처럼 다양한 친구들을 만나게 될 기회는 줄어든다.

3장

사랑하고 사랑받을 줄 아는
자기긍정의식을 길러주는 방법

사람을 사랑하고
사랑받을 줄 아는
여성의 공통점

특별히 미인도 아닌데 무슨 이유에서인지 인기가 있는 여성이 있다. 그런 여성의 공통점은 무엇일까? 바로 자신을 사랑한다는 것, 전문용어로는 '자기긍정의식'을 가지고 있다는 점이다.

유소년기에 부모로부터 듬뿍 사랑을 받은 여성은 "나는 사랑받을 가치가 있는 사람이야"라는 자신감, 즉 자기긍정의식을 가지게 된다. 이 같은 자신감은 자만이나 망상과는 전혀 다르다.

"예쁘다"라는 말을 반복적으로 들으면서 자란 아이는 누구에게나 "예쁘다"라는 말을 들을 수 있는 '사랑받을 수 있는 아우라'를 뿌리게 된다.

마찬가지로, "나는 사랑받을 가치가 있는 사람이야"라는 자기이미지를 가지고 있는 사람도 주위에 '이 여성은 사랑받을 가치가 있는 사람'이라는 인상을 심어주어, 자연스럽게 다른 사람들로부터 사랑을 받게 된다.

반대로, 아무리 미인이라고 해도 "나는 안 돼. 사랑받을 가치가 없는 인간이야"라고 생각하는 사람은 '불행의 아우라'를 뿌리기 시작하여, 실제로 자신을 함부로 대하는 사람을 끌어들인다. "나는 사랑받을 가치가 있는 사람이야"라는 자기긍정의식을 가진 여성은 사랑의 가치를 아는 사람을 만나 안정감으로 가득 찬 행복한 관계를 만들어갈 수 있다.

여자아이를 자기긍정의식을 가진 여성으로 키우는 방법은 1장에서 설명한 대로 영유아기(0~6세)에 아낌없이 애정을 쏟아붓는 것이다.

남성과 자연스럽게
어울리는 법을
갖추게 하려면

"될 수 있으면 행복한 결혼을 했으면 좋겠어요."

여자아이를 둔 부모들 대부분은 이런 바람을 가지고 있다.

결혼을 하는 것만이 인생의 전부는 아니다. 경제적으로 자립하여 결혼하지 않고 독신으로 사는 것도 나쁘지 않다. 그렇지만 될 수 있으면 행복한 결혼을 해서 남편과 서로 의지하면서 살기를 바라는 것이 부모들 대부분의 진심일 것이다.

그렇다면 아이의 행복한 연애와 결혼을 위해 부모로서 할수 있는 일은 무엇일까?

우선적으로 중요한 것은 가까운 이성과 자주 접촉하도록

하여 이성에게 익숙해지도록 만드는 것이다.

아빠, 할아버지, 오빠 등 가까운 남성과 접촉할 기회를 가지다 보면 남성에 대한 거부감이 줄어들고 남성과 자연스럽게 어울릴 수 있게 된다.

이성과 어울릴 기회가 거의 없이 성장하면 늦깎이로 자라거나 남성에 대한 지나친 이상을 품게 된다. 현실 세계에서의 실제 남성과 어울려보지 않았기 때문에 남성을 무서워하거나 남성에 대해 묘한 망상을 가지게 된다. "함께 있으면 정말 행복해"라고 느낄 수 있는 남성을 찾을 때 이런 망상이나 지나친 두려움이 방해 요소로 작용한다.

행복한 연애를 할 수 있으려면 평소에 남성을 자주 접해야 한다.

자매뿐인 아이는
친구의 남자 형제와
놀게 한다

　　　　서른이 되어서도 "백마를 탄 왕자님이 언젠가 내 앞에 나타날 거야"라고 믿고 있는 여성도 적지 않다. 이런 여성들은 자매는 있어도 남자 형제는 없는 경우가 압도적으로 많다.

　이에 비해, 남자 형제가 있는 여성은 이성을 대하는 데 어색함이 없고 남성을 자연스럽게 상대한다. 여자 형제들 사이에서만 자란 여성의 이야기를 들어보면 "아빠도 일 때문에 늘 늦게 들어오셔서 여자들만 생활하는 환경에서 자랐기 때문인지 남성에 대해서는 두려움도 있고 지나치게 의식하게 돼요"

라고 말하는 사람이 적지 않다. 이처럼 연애 능력은 형제의 구성과 상당한 관계가 있다.

"우리 딸은 남자 형제가 없고 자매뿐이야. 그럼 연애를 제대로 못 하는 걸까?" 하고 불안해하는 사람도 있을 수 있다.

하지만 걱정할 것 없다. 남자 형제가 없다면 아이 친구의 남자 형제와 놀게 하거나, 아들을 둔 친구와 가족이 함께 교류를 하면 된다. 어린 시절부터 남녀가 뒤섞여 뛰어놀 기회를 가지게 함으로써 "남자는 이런 느낌이구나" 하는 생각을 자연스럽게 갖추게 해주자.

"남자애들은 난폭하고 먹보지만 상냥한 부분도 있어."

연애 감정 이전의, 이런 자연스러운 감정을 길러두는 것이 장차 바람직한 연애를 하기 위한 토양이 된다.

한편 여자아이 부모 입장에서는 이런 생각도 가질 수 있다.

"이성에게 인기 있는 여성으로 자라면 좋겠어요. 많은 남자를 만날 필요는 없지만 적어도 마음에 드는 남자에게는 관심을 얻을 수 있는 매력적인 여성으로 자랐으면 좋겠어요."

그렇게 하려면 반드시 '기품 있고 능동적인 사고를 가진 여성'으로 자라도록 해야 한다. 기품은 있지만 너무 얌전해서 남성이 말을 걸어도 쑥스러워 피하기만 한다면 자신이 지닌 중요한 매력이 전달되지 않는다. 따라서 이상적인 것은 '기품이 있고 약간 능동적인 사고를 가진 여성'이다.

부부의 애정 표현이
결혼에 대한 행복한 이미지를
만들어준다

아이가 행복한 연애를 하려면 뭐니 뭐니 해도 엄마와 아빠가 서로 사랑하는 모습을 보여주는 것이 최고다. 아이는 부모가 사이좋게 사랑하는 모습을 보고 "사랑하는 사람과 함께 있을 수 있는 결혼은 행복한 거야"라고 생각한다.

특히 여자아이는 엄마를 보고 연애나 결혼관을 배운다. 아빠와 함께 있을 때 안정된 모습으로 즐거운 미소를 짓는 엄마를 보면 "연애나 결혼은 사랑하는 사람과 즐겁게 지내는 거야"라는 이미지를 가지게 된다.

이와는 반대로, 아빠와 함께 있을 때 늘 싸움을 하고 신경

질만 부리는 엄마를 보면 "연애나 결혼은 짜증 나고 싸울 일만 생기는 거야. 힘든 일이야"라고 생각하게 된다.

아이가 바람직한 연애와 결혼을 하기를 바란다면 엄마 자신이 바람직한 연애, 바람직한 결혼을 하는 것이 가장 좋다. 엄마의 행복하고 즐거운 모습을 통해 '연애와 결혼은 좋은 것'이라는 모델을 보여주도록 하자.

그렇다면, 부부가 서로 사랑하는 마음을 아이가 느끼게 하려면 어떻게 하면 좋을까?

- 아이 앞에서 스킨십을 한다.
- 아이 앞에서 키스나 포옹을 한다.

아이 앞에서 부부가 서로 사랑하는 모습을 보이는 것이 쑥스럽다고 생각하는 사람도 적지 않다. 그러나 그래서는 부부의 사랑이 아이에게 전해지지 않는다. 아이는 엄마 아빠가 스킨십을 하지 않는다는 것을 "엄마와 아빠는 서로 사랑하지 않는다"라고 받아들이기 쉬운 것이다.

실제로, 어느 대학의 수업에서 "아버지와 어머니가 서로 사랑한다고 생각하는가?"라는 질문을 던져보았더니 그렇다고 대답한 것은 불과 20퍼센트였다. 나머지 80퍼센트는 "내가 태어났기 때문에 어쩔 수 없이 부부로 살고 있다고 생각한다"는 대답이었다. 즉, 아버지와 어머니가 스킨십을 하는 모습을 본 적이 없다는 뜻이다.

그러므로 가능하면 아이 앞에서 스킨십을 하도록 노력해 보자. 키스를 하고 포옹을 하는 모습을 보여줄 수 있다면 최고다. 손을 잡고 팔짱을 끼는 것 정도라도 일단 시도해보자.

싸움도 할 수 있고
화해도 할 수 있다는 것을
가르쳐준다

부부의 스킨십과 마찬가지로, 부부싸움도 아이 앞에서 하는 것이 좋다. 남자와 여자가 오랜 세월 동안 함께 생활하다 보면 당연히 싸울 때도 있다. 부부가 싸움을 하지 않는 대신, 하고 싶은 말도 하지 못하고 참고 살면서 불만으로 가득 찬 모습을 아이에게 보이는 것이 오히려 더 나쁘다. 아이가 우리 집은 하고 싶은 말도 할 수 없는 집이라고 생각하게 되기 때문이다.

단, 아이 앞에서 부부싸움을 했으면 반드시 아이 앞에서 화해하도록 한다. 그런 부모의 모습을 보면 아이는 "싸우기도 하지만 즉시 화해하는 게 부부구나"라고 느낀다.

"아빠와 엄마는 싸움도 하지만 금방 화해도 한다"는 모습을 보여주는 쪽이 아이에게 안정감을 심어줄 수 있고, "우리 집은 하고 싶은 말을 해도 괜찮은 집이야"라고 느끼게 되어 정신적으로 건강하게 자랄 수 있다.

또한 부모가 싸움이나 말다툼을 한 뒤에 상대방에게 솔직하게 잘못을 사과하는 모습을 보여주면, 아이는 어색했던 상대방과의 관계를 회복하는 화해 방법을 배울 수 있다. 그런 의미에서 볼 때, '싸움은 아이 앞에서, 화해는 침대 안에서'라는 부부는 그야말로 최악에 해당한다.

물론, 손찌검을 하거나 큰 소리로 욕설을 내뱉으며 아이에게 겁을 먹게 하는 격렬한 싸움은 논외다. 싸움도 할 수 있는 사이좋은 부부를 지향해야 한다.

이혼가정의 아이는
불행하다는 생각은
버려라

앞에서 아이가 바람직한 연애, 바람직한 결혼을 하기를 바란다면 부부가 사이좋게 사랑하는 모습을 보여주는 것이 최고라고 말했다. 그렇다면 이혼한 부부의 아이들이나 한부모 가정의 아이들은 바람직한 연애, 바람직한 결혼을 할 수 없을까? 절대로 그렇지 않다.

실제로, 한부모 가정에 대한 지원이 잘 이루어지고 있는 프랑스나 독일에서는 '싱글맘', 즉 결혼을 하지 않고 혼자 아이를 키우는 여성들이 상당히 많다. 그렇지만 한부모 가정이기 때문에 아이의 인생에 악영향을 끼친다는 보고는 거의 들을 수 없다.

세상에는 "이혼을 하면 아이가 불행해진다"는 사고방식을 가진 사람들이 존재한다. 하지만 카운슬링을 하면서 만나는 아이들을 보면, 이혼은 하지 않았지만 부부 사이가 나빠 매일 싸움만 하는 부부에게서 자라는 아이들이 더 불행하다는 사례가 훨씬 많다.

폭력이나 불륜 등에 의해 회복이 불가능할 정도로 부부관계가 나빠져 있는데도 불구하고 "이혼은 아이에게 좋지 않아. 나를 희생하더라도 가정을 유지해야 돼"라는 생각에 이혼을 하지 못하는 여성도 있다.

이런 엄마 밑에서 자란 여자아이는 '자기를 희생하더라도 참고 사는 것이 결혼'이라는 이미지를 가진다. 그런 아이는 장차 자기도 모르는 사이에, 역시 자기가 참고 살 수밖에 없는 '불행한 결혼 상대'를 선택한다.

아이에게 '참고 견디는 것이 결혼'이라고 생각하게 만들 바에는 차라리 이혼을 하고 새로운 인생을 시작하는 것이 아이에게 훨씬 도움이 된다. 엄마가 불행한 결혼생활에 마침표를 찍고 인생의 새 출발을 시작하는 모습을 보여주는 것이 아이에게 설사 결혼에 실패하더라도 행복한 인생을 향해서 다시 도전할 수 있다는 긍정적인 메시지를 전해줄 수 있기 때문이다.

행복해지기 위해
이혼한다는
메시지를 전한다

부모가 말다툼만 하는 가정에서 자란 아이에게 흔히 들을 수 있는 말이 있다.

"아빠와 엄마가 말다툼만 하는 모습을 보는 건 정말 싫어요. 그리고 '너 때문에' 이혼하지 않는다는 변명을 듣는 것도 힘들었어요. 그래서 엄마 아빠가 이혼했을 때 정말 마음이 편했어요."

이런 말을 하는 아이가 적지 않다.

그런 한편, "부모님이 이혼한 것이 나 때문이 아닐까?" 하고 오랜 기간 동안 고민에 빠지는 아이도 있다.

사이가 나쁜 부부는 아이의 교육에 관해서도 자주 말다툼을 벌이는데, 교육을 둘러싼 이러한 말다툼을 아이는 "나 때문에 싸우는 거야"라고 오해한다.

"당신이 교육을 잘못 시켰기 때문이야!"

"뭐라고요! 당신이야말로 남 탓만 하잖아요!"

이런 모습을 본 아이는 "내가 나쁜 아이이기 때문에 아빠와 엄마가 싸우는 거야"라고 자신을 책망하게 된다. 아이가 원인이 되어 이혼하는 부부는 없다. 하지만 아이는 어른들의 사정을 이해하지 못하고 "아빠 엄마는 서로 사랑하는 사이야. 그런데 나 때문에 저렇게 싸우는 거야"라는 생각에, 이혼을 하여 가족이 뿔뿔이 흩어지게 된 가장 큰 원인을 '자기 탓'이라고 생각함으로써 이혼을 납득하려 하는 것이다.

아이가 자신을 이혼의 원인으로 생각하게 하지 않으려면 부모가 침착한 태도로 확실하게 이렇게 말해주어야 한다.

"너 때문에 이혼한 게 아니야. 아빠와 엄마는 많은 대화를 나누어보고 서로 좀 더 행복해지기 위해서 이혼을 한 거야. 불안하게 해서 미안해. 아빠 엄마도 너를 진심으로 사랑하고 있어. 이혼을 해도 우리 모두 지금보다 훨씬 행복해질 거니까 걱정하지 않아도 돼."

"말하지 않아도 알겠지"라는 태도는 바람직하지 않다. 대부분의 아이들, 특히 여자아이는 부모의 이혼을 자기 탓이라고 생각하는 경향이 있다는 사실을 반드시 명심해야 한다.

이혼이건 결혼이건
긍정적으로 받아들인다

아이가 '이혼을 했다는 건 처음부터 결혼을 하지 말았어야 했다는 것'이라고 생각하지 않도록 만드는 것도 중요하다.

"이혼을 하기는 했지만 결혼하지 말았어야 했다고 생각해본 적은 지금까지 한 번도 없어. 엄마는 아빠와 결혼해서 소중한 너를 얻었잖아. 너는 엄마가 결혼을 해서 얻은 가장 귀한 선물이야."

이혼을 하는 사람들 중에는 아이에게 헤어진 남편(아내)의 험담을 하거나, "결혼 따위는 하지 말았어야 해"라고 결혼에 대한 후회와 불평을 하는 사람도 있다. 그러나 이런 행동을 하면 아이는 결혼 그 자체에 나쁜 이미지를 가진다.

아이가 결혼을 긍정적으로 받아들이기를 바란다면 설사 이혼을 했다고 해도 결혼했던 일이나 헤어진 배우자를 부정하지 말고 행복하게 살아가는 모습을 보여주어야 한다.

"아이에게 못할 짓을 했어"라고, 이혼을 인생의 실패로 생각하는 사람도 적지 않다. 하지만 필요 이상으로 패배감을 느끼면 아이에게 '결혼이나 이혼은 힘든 것'이라는 인상을 심어 줄 수 있다.

이혼한 뒤에는 지난 과거에 집착하지 말고 "아이와 둘이 행복하게 살아야지!"라고 마음을 다져 먹고 매일 행복하게 보내도록 노력해야 한다.

싱글맘이
아빠 몫까지 책임지려는
태도는 금물!

"딸과 둘이서 행복하게 살아야 한다는 사실은 잘 알고 있어요. 하지만 아빠가 없는 빈 공간을 잘 채워줄 수 있을지, 그게 걱정이에요."

초등학교 5학년이 되는 딸 아야카와 단둘이 살기 시작한 싱글맘 후지야마 씨는 아빠가 없는 단점을 가능하면 커버해야 한다는 생각에 늘 긴장된 마음으로 생활하고 있다.

"남자의 손길이 필요할 때에는 제가 아빠 역할을 해야 하잖아요. 제가 이렇게 보여도 꽤 강한 여자예요. 힘도 세고, 무거운 것도 잘 듣고, 집수리도 잘해요."

"믿음직스럽군요. 하지만 아빠 몫까지 무리해서 책임지려 하는 건 바람직하지 않습니다."

"네? 왜요?"

"엄마가 '내가 남편 몫까지 잘 처리해야지', '내가 정신 똑바로 차려야지' 하고 생각하면 필요 이상으로 아이에게 엄해지기 쉽습니다. 다른 사람에게 아빠 없는 아이라는 말을 듣게 할 수는 없다는 생각에 필요 이상으로 엄하게 키우게 되지 않겠습니까?"

"말씀을 듣고 보니, 최근에 의식적으로 엄하게 대하고 있는 것 같아요. 지금까지 오냐오냐하고 키웠으니까 앞으로는 교육을 확실하게 시켜야겠다는 생각에 말투나 표정도 냉정해지기는 했어요."

"그건 정말 권하고 싶지 않군요. ……아빠 몫까지 책임져야겠다는 생각은 버리세요. 지금까지와 마찬가지로 사랑으로 키우세요. 그게 중요합니다."

모녀가정이라는 것에
핸디캡을
느낄 필요는 없다

"이혼을 할 때 친정어머니에게 이런 말을 들었어요. '이혼해서 일이 바빠지면 아야카와 함께 있어줄 시간이 줄어들 거야. 아빠도 없고 엄마하고 보낼 시간도 줄어들면 아야카가 얼마나 외롭겠니?' 하는……. 역시 그렇겠지요?"

"너무 신경 쓰실 필요는 없습니다. 엄마가 행복해지는 것이 아이의 행복에 가장 중요합니다. 부모가 있다고 해도 부부가 맞벌이를 하는 경우에는 아이와 보낼 시간이 별로 없지요.

그러니까 이혼을 해서 아이를 외롭게 만들었다는 생각은 하지 않아도 됩니다. 부모가 있어도 아빠는 바빠서 집에 있을 시간이 거의 없기 때문에, 실질적으로는 대부분의 가정이 모녀가정 상태이지요. 필요 이상으로 핸디캡을 느낄 필요는 없습니다."

"그 말씀을 들으니 안심이 되네요. 아이를 외롭게 만든 건 아닌지 정말 걱정이 됐거든요. 생각해보면 아야카도 이제 5학년이니까 부모 품에서 벗어날 나이이기는 하네요. 저도 이제 혼자 몸이 되었으니까 연애를 해서 남자라도 만들어볼까요?"

사춘기의 재혼은
여자아이의 마음을
불안하게 만든다

"아닙니다. 그건 아니지요. 연애는…… 나쁜 건 아니지만 가능하면 신중해야 합니다. 아야카는 이제 사춘기니까요."

"네? 제 연애와 아야카의 사춘기가 무슨 관계가 있나요?"

여자아이에게 있어서 초등학교 고학년에서 고등학교 1학년에 걸친 사춘기는 마음이 가장 불안한 시기다. 이성을 의식하기 시작하는 예민한 시기이기도 하기 때문에 엄마가 연애를 할 때는 신중해야 한다. 연애를 하면 안 된다는 말은 아니지만 갑자기 "엄마가 사랑하는 사람이야"라며 소개하거나 집으로 데려와 사랑을 주고받는 행동은 가능하면 피하는 것이 좋다.

사랑하는 남자가 생기더라도 한동안은 '남자친구'를 가장하여 대화를 나눌 때 자연스럽게 잠깐 언급하는 식으로 운만 떼어놓고, 고등학교 2, 3학년 정도(아이에 따라 개인차가 있다)가 되어 연애를 일반적으로 생각할 수 있는 시기가 된 이후에 무리하지 않는 형태로 소개하는 것이 바람직하다.

"그렇군요. 엄마 입장에서는 사랑하는 남자이지만 아이 입장에서는 갑자기 나타난 '낯선 아저씨'가 되겠군요. 아무리 엄마의 애인이라고 해도 낯선 남자가 집에 들락거리는 건 딸아이 입장에서는 역시 거부감이 들겠네요."

"여자아이는 그런 부분에 매우 민감하니까요. 그리고 또 한 가지, 사춘기 여자아이에게 충격인 것은 엄마의 '여자로서의 모습'을 보게 되는 겁니다. 초등학교 5학년부터 고등학교 1학년까지는 가뜩이나 불안한 시기이기 때문에 엄마에게 애인이 있다는 사실을 알고 등교를 거부하거나 비행을 저지르는 방향으로 나가는 아이도 적지 않습니다.

　그런 여자아이의 예민한 마음을 확실하게 이해해줄 수 있는 남성을 선택하는 것도 중요합니다. 아이의 흔들리기 쉬운 마음도 너그럽게 이해하고 감싸줄 수 있는 남자라면 언젠가 딸도 마음을 열지 않겠습니까?"

　"그렇군요. 연애나 재혼 상대를 선택할 때에는 아이의 마음도 배려해줄 수 있는 사람을 선택하는 게 가장 바람직하겠군요. 하지만 언제가 되어야 그게 가능할까요? 아까 선생님은 고등학교 2, 3학년 정도라면 괜찮을 거라고 말씀하셨지만 우리 아이는 어린 편이니까 대학생이 된 이후가 좋을까요?"

　"그 정도가 바람직하겠지요. 가장 좋은 기준은 딸아이 자신이 애인이 생겨서 '엄마도 이제 애인 좀 만들어'라는 말을 할 수 있게 되는 순간입니다. 엄마를 한 명의 여성으로서 볼 수 있게 되었다는 뜻이니까요."

남자를
불편해하는 아이는
여학교가 좋다

이혼을 하고 친정으로 돌아와 열 살짜리 미카와 어머니, 이렇게 세 명이서 생활하고 있는 요시카와 씨. 집 안에 '남자의 냄새'라고는 전혀 풍기지 않는다.

마음에 걸리는 점은 최근에 미카가 "남자애들은 정말 이해할 수 없어"라고 말하기 시작했다는 것이다. 자신이 이혼을 한 것 때문에 '남성공포증'에 걸린 것은 아닌지 걱정이라고 했다.

"미카는 여자애들만 다니는 학교가 좋다고 해요. 여학교를 동경하는 것 같아요. 여학교에 보내도 괜찮을까요?"

"미카의 경우에는 가정환경이 여성들만으로 이루어져 있으니까 가능하면 남자아이도 경험할 수 있는 남녀공학이 더 낫습니다. 여학교에 들어가면 여자들만의 세계에 빠지게 되어서 현실 세계에서의 남자아이와 상대할 수 있는 기회가 줄어들지도 모르지요. 여자들만 있는 환경에서 생활하게 되면 너무 소심해지거나 아이돌이나 애니메이션 같은 비현실적인 세계의 남자를 동경하게 되는 경우도 있으니까요."

"그러고 보니 제 친구들 중에도 그런 아이가 있었어요. 남성에 대한 이상이 너무 높아서 순정만화에 등장하는 왕자님 같은 사람을 기다리던 아이요. 핸섬하고 스타일도 좋으면서 공부도 잘하고 운동신경도 좋아 남자아이들 사이에서는 늘 리더이고 여자아이들에게는 인기 만점인 그런 남자 말이에요. 그리고 약간 퉁명스러워 보이지만 사실은 다정하고 따뜻한……. 그런 사람은 현실적으로 존재하지 않는데도 반드시 그런 사람이 있을 거라고 착각하고 있었지요."

이상이 지나치게 부풀어 올라 망상으로 치닫는 사람이 뜻

밖으로 많은 듯하다. 앞에서도 설명했지만 지나치게 의식하지 말고 자연스럽게 이성을 대하는 것이 행복한 연애, 행복한 결혼을 할 수 있는 첫걸음이다. 특히 여자들만 생활하는 가정에서 평소에 여성만 상대하면서 지내는 여자아이에게는 남녀공학이 좋다.

하지만 최근의 카운슬링에서는 "남자아이를 대하는 것이 힘들다"고 말하는 여자아이들이 늘고 있다. 머리가 좋고 마음이 여린 아이들 중에 이런 아이가 많다. 이런 아이는 무리해서 남녀공학을 다니게 하면 등교거부를 하게 되는 경우도 있다. 얌전하고 내성적이고 섬세한 아이에게는 여학교, 그중에서도 교육이 엄하고 기품이 있어 전체적으로 안정감이 있는 학교에 보내는 것이 바람직하다.

아이가
호기심을 보이기 시작하면
섹스 이야기를 한다

사춘기에 접어드는 초등학교 고학년부터 중학교 2학년 정도가 되면 아이는 이성에 대해 성적인 호기심을 느끼기 시작하게 된다. 좋아하는 남자아이를 의식하기 시작하고, 말을 걸거나 손을 잡고 싶어 한다. 또한 좋아하는 이성 친구와 데이트를 하거나 키스를 하고 싶다고 생각하기도 한다.

최근에는 중학교 때 첫 경험을 하는 경우도 드물지 않아, 학교에 따라서는 16~17세에 섹스를 경험하지 않으면 친구들로부터 "너 아직도 처녀야?"라고 놀림을 당하는 경우도 있다고 한다.

하지만 분명하게 말해서 중학교 시절의 첫 경험은 바람직하지 않다. 첫 경험은 가능하면 대학생이 된 이후가 바람직하다. 실제로 중학교 때 첫 경험을 한 여자아이의 이야기를 들어보면 "남자가 강제로……"라는 식으로, 성에 대해 부정적인 이미지를 가지게 된 경우가 적지 않다.

'섹스는 행복해지기 위해 하는 것'이라는 사실을 아이에게 확실하게 이해시켜두면 초조한 마음에 첫 경험을 서두르는 불상사는 피할 수 있다.

"첫 경험은 빨리 할수록 좋다", "고등학생이면서 아직도 처녀라는 건 문제가 있는 여자다"라는 근거도 없는 소문에 현혹되지 말고, 섹스는 서로 마음이 맞고 사랑하는 사람과 즐거움을 나누는 소중한 행위라는 사실을 아이가 확실하게 인식하도록 가르쳐주어야 한다.

아이와 대화를 하다가 섹스와 관련된 문제가 화제로 떠오르면 "그런 건 아직 일러!" 하고 윽박지르듯 단정 지어 말하거나 쑥스럽다고 얼버무리지 말고, 섹스는 호기심으로 하는 게 아니라는 것, 좋아하지도 않는 상대와 장난삼아 하는 게 아니라는 것을 진지하게 설명해주도록 하자.

섹스에 관한
올바른 상식을
구체적으로 가르쳐준다

하지만 어른이 아무리 섹스는 호기심나 장난삼아 하는 게 아니라고 말해도 할 아이는 한다. 중학교 시절에 첫 경험을 하는 건 너무 이르다고 가르쳐도, 좋아하는 상대가 요구하면 자기도 모르게 받아들이게 되는 것이다. 어떻게든 섹스를 하지 않도록 막는다는 것은 불가능하다.

그래서 부모들에게 부탁하고 싶은 말이 있다. 섹스를 할 때에는 반드시 콘돔을 사용해야 한다는 점을 아이에게 확실하게 가르쳐주라는 것이다.

"아이에게 그런 말을 하면 섹스를 하라고 허락하는 것과 마찬가지잖아요! 여자아이 부모가 어떻게 콘돔을 사용하라는 말을 할 수 있어요!"

이렇게 화를 내는 사람도 있을지 모른다. 하지만 현실적으로는 중고등학생 대부분이 피임을 하지 않는 섹스로 인해 임신을 한다.

단, 콘돔에 대해 가르쳐줄 때에는 임신을 피하기 위해서라는 편의적인 방법은 바람직하지 않다. '콘돔을 사용한다는 것은 남자가 진심으로 사랑한다는 증거'라는 점을 구체적으로 확실하게 가르쳐주어야 한다.

"남자가 너를 정말로 사랑하면 반드시 콘돔을 사용할 거야. '그런 건 귀찮아'라거나 '나를 사랑하지 않는구나'라고 말하면서 콘돔을 쓰지 않으려고 하는 남자도 있는데 그런 남자는 사실은 섹스만 목적인 저질이야. 엄마는 그런 남자와 섹스를 하는 건 나쁘다고 생각해.

섹스는 사랑하는 사람과 몸과 마음을 하나로 만드는 아름다운 행위야. 그러니까 장난삼아 하는 게 아니라 너를 진심으로 사랑하고 소중하게 생각해주는 상대를 선택해야 돼."

중고등학생들 중에는 콘돔을 사용하지 않아도 질 밖에 사정하면 된다고 생각하는 아이들이 놀라울 정도로 많이 있다. "우리 아이는 그러지 않겠지……" 하는 생각으로 낙관하지 말고, 아이를 지킨다는 마음으로 기회를 보아 반드시 콘돔 이야기를 들려주자.

또한 아이가 올바른 성지식을 갖추게 하려면 가정 안에서 성과 관련된 화제를 금기시하지 말아야 한다. 부모가 성에 대해 어느 정도 개방적이라면 아이는 성 문제와 관련하여 걱정스러운 일이 발생하더라도 부모에게 즉시 상담을 요청할 것이다.

여자다운,
지나치지 않은
멋 내기를 권한다

최근 초등학생용 소녀 잡지에는 '메이크업 레슨'이
나 '키스를 잘하는 방법' 등 성인용 잡지 못지않은 특집 기사
가 당연한 듯 게재되어 있다. '남자아이에게 인기를 얻는 코
디 방법', '남자가 되돌아보게 만드는 인기 메이크업'과 같이
이성에게 인기 있는 것을 부추기는 풍조도 적잖이 엿볼 수 있
다. 이런 풍조에 지나치게 휘말리면 '인기가 없는 여자는 쓸
모없는 여자'라는 식의 그릇된 가치관이 심어질 우려가 있다.
　여자아이는 예뻐 보이게 하려고 유행하는 패션을 흉내 내
거나 귀여운 미니스커트를 입고 싶어 한다. 멋을 즐기는 것

이 나쁘지는 않지만, 절도 있는 몸가짐을 갖추는 것도 중요하다.

노출이 너무 심하거나 지나치게 눈에 띄는 스타일을 입었을 때에는, "마음에 드는 옷을 입는 건 나쁘지 않지만 그 복장은 조금 그렇네……. 주위 사람들이 어떤 시선으로 볼지, 그런 점도 조금은 생각해야지." 이렇게 약간의 주의를 주도록 해야 한다.

멋 내기를 좋아하는 엄마들 중에는 6~7세 즈음부터 머리카락을 물들여주거나 귀걸이를 해주는 사람도 있다. 멋을 내는 것은 사람들 각자의 자유다. 그러나 염색이나 귀걸이는 중학교에 입학하면 교칙으로 금지된다. 그때, 선생님이나 학교와 문제가 발생하거나 불량한 모임의 유혹에 넘어가지 않도록 부모 입장에서 신경을 써주어야 한다.

여자아이는
아빠와 비슷한 사람을
좋아한다

여자아이의 부모가 딸아이의 연애에서 무엇보다 신경을 쓰는 것이 "어떤 남성을 좋아하게 될 것인가" 하는 부분이 아닐까?

"성실하고 상냥하고 성격이 좋은 남자를 좋아하게 될까?", "말만 앞세우고 놀기 좋아하는 무능한 남자에게 빠지는 것은 아닐까?"

이런 불안에 대한 해답을 주는 열쇠는 아빠에게 있다. 여자아이가 좋아하게 될 남성의 약 60퍼센트는 아이의 입장에서 볼 때 가장 가까운 남성, 즉 아빠와 비슷한 사람인 경우가 많다. 특히 이런 경향은 얼굴이나 스타일이 엄마를 닮은 여자아이에게 강하고, 반대로 얼굴이 아빠를 닮은 여자아이는 아빠와는 약간 다른 타입을 좋아한다.

여자아이는 아빠가 상냥하고 따뜻한 사람이라면 '남자란 상냥하고 따뜻한 사람'이라고 생각한다. 아빠가 말이 없고 조용한 사람이라면 '남자는 말이 별로 없고 조용한 사람'이라고 생각한다. 이처럼 아빠의 성격이나 행동은 여자아이의 내부에 남성이란 이러이러한 존재라는 남성상을 심어주게 된다.

여자아이는 '가장 가까운 남성'인 아빠를 닮은 남성에게 안정감을 느끼는 것이다.

아빠는 딸을 위해
'좋은 남자'가
되어야 한다

여자아이는 아빠를 닮은 사람을 좋아하게 된다고 말하면 "사춘기 여자아이는 아빠는 지저분해서 싫다고 말하지 않나요?"라고 물어보는 사람이 있다.

하지만 메이지대학 여학생을 대상으로 조사해본 결과, 초등학교 6학년부터 고등학교 2학년 정도까지 아빠가 지저분하다는 이유에서 반발을 했던 여성은 약 40퍼센트였다. 나머지 60퍼센트는 한 번도 아빠에게 반발한 적 없이 좋은 관계를 유지했고 "앞으로 아빠 같은 사람과 결혼하고 싶다"고 말했다.

즉, 딸이 좋은 남성을 만나기를 바란다면 아빠 자신이 '좋은 남자'로 보여야 한다. 아빠 자신이 "연애나 결혼을 하려면 이런 사람이 이상적이다"라고 생각할 수 있는 남성이 되어야 한다는 것이다.

나는 《남자아이 키울 때 꼭 알아야 할 것들》에서 "남자아이가 여성과 결혼에 대하여 좋은 이미지를 가지게 하려면 엄마 자신이 가능하면 멋진 여자를 연출해야 한다"고 이야기한 바 있다. 여자아이의 경우도 마찬가지다.

여자아이가 남성과 결혼에 대하여 좋은 이미지를 가지게 하려면 우선 아빠 자신이 멋을 내거나 몸가짐에 신경을 써서 '멋지고 능력 있는 사람'이 되어야 한다.

"너희 아빠는 정말 멋있어. 멋쟁이인 데다 상냥해."

"너희 아빠는 왠지 지적인 분위기가 풍겨. 믿음직한 분인 것 같아."

이렇게 아이의 친구들이 부러워할 수 있는 아빠가 되도록 노력해야 한다.

"나는 그렇게 멋있는 사람도 아니고……. 솔직히 걱정이 됩니다."

이런 나약한 말을 할 때가 아니다. 딸의 행복을 위해서라도 아빠 자신이 '멋진 남자'가 될 수 있도록 노력하자.

"우리 남편은 아무리 노력해도 무리예요. 노력할 마음조차 없어요"라고 하소연하는 엄마들도 있다. 그런 경우에는 엄마 자신이 아빠의 장점을 찾아내 남편과 아이 앞에서 자연스럽게 그 장점을 이야기해주도록 노력한다.

"당신은 평소에는 무뚝뚝해 보이지만 알고 보면 정말 상냥한 면이 있어요."

이렇게 아이 앞에서 아빠의 멋진 장점을 찾아내 최대한 칭찬하는 것이다. 그런 칭찬을 들은 여자아이는 "우리 아빠도 알고 보면 멋있는 남자야"라고 생각하게 되고, 결혼에 대해 긍정적인 이미지를 가질 수 있다.

4장

사춘기 여자아이들의 전쟁터를
이겨내는 방법

여자아이가 직면하는 친구 그룹에서의 스트레스

여자아이가 성장하는 과정에서 이겨내야 할 가장 중요한 장벽이 여자끼리의 친구 관계다. 초등학교 3~4학년 즈음이 되면 여자아이는 2~4명 정도가 사이좋게 친구 그룹을 만들게 된다.

하지만 이 친구 그룹이 편하고 즐겁기만 한 것이 아니다. 그룹에 계속 소속되어 있으려면 자신을 버리고 친구들에게 맞추어야 하기 때문이다.

친구에게 맞추려면 하고 싶지 않은 일을 하거나, 듣기 싫은 말을 들어도 참아야 하는 경우도 있다. 여자아이의 입장에서 볼 때 친구 그룹에 소속된다는 것은 고통스러운 시련이다.

"우리 레나가 최근에 친구들을 많이 사귀었는데 그 친구들 중에 못된 아이가 있어서 힘든 모양이에요."

초등학교 4학년인 레나의 어머니가 이런 상담을 해왔다. 레나의 친구 관계가 미묘하게 변했는데, 그 때문에 요즘 힘들어하는 듯 보인다는 것이다.

"레나가 괴롭힘을 당한다는 말씀인가요?"

"아뇨. 괴롭힘을 당하는 건 레나가 아니라, 1학년 때부터 줄곧 사이좋게 지냈던 레나의 친구 아이코예요. 이번에 소풍을 가는데 여자아이 서너 명이 같이 도시락을 먹기로 했대요. 그런데 그룹의 리더 격인 여자아이가 '레나는 와도 되지만 아이코를 데려오면 안 돼. 아이코를 데려올 거면 레나도 오지 마'라고 말했대요. 레나는 친구들과 함께 도시락을 먹고 싶기는 한데 아이코를 떼어놓을 수도 없어서 힘든 모양이에요. 어떻게 해야 좋으냐고 물어보는데 저도 대답하기가 어려워서……."

"4학년 정도가 되면 그런 일이 자주 발생하지요."

"결국 이렇게 말했어요. '친구들과 함께 도시락을 먹고 싶은 마음도 이해하고 친구를 따돌리는 건 나쁘다고 말하고 싶어 하는 기분도 이해할 수 있어. 그러니까 아이코를 떼어놓고 친구들과 도시락을 먹어도 상관없다고 생각해. 하지만 그 대신, 이번 일을 계기로 아이코와는 지금까지처럼 사이좋게 지내기 어려워질 수도 있어. 아이코와 친하게 지내지 않아도 되겠니?' 하고요."

아이의 마음을
이해하는 것부터
시작하라

"레나가 중간에 끼어서 힘들겠군요. 어머니 말씀도
일리가 있지만, 우선 힘들어하고 있는 레나의 입장에 서서 위
로해주는 것이 더 중요합니다. '그런 일이 있었구나. 정말 힘
들겠다. 그런 입장에 놓이면 누구나 힘들 거야……'라며 말
입니다. 어머니가 비슷한 입장에 놓여도 역시 고민이 되시겠
지요?"

"그렇지요. 그리고 고민이 되어 누군가와 상담을 할 때는
위로의 말을 듣고 싶겠지요."

"아이도 마찬가지입니다. 어떻게 해보라는 식으로 충고를

해주는 것보다 우선 아이의 입장에 서서 그 마음을 이해해주
어야 하지요. 엄마가 이해해주어서 기운을 낼 수 있다면 아이
자신이 스스로 판단을 내리게 됩니다. 친구를 따돌리는 것은
나쁜 짓이라는 식으로 어른으로서 가르치려 하지 말고, 아이
가 스스로 어떻게 해야 좋을지 생각하고 올바른 판단을 내릴
수 있도록 도와주는 것이 가장 바람직하지요."

　부모들 중에는 아이가 집단괴롭힘이나 따돌림을 당했을 때
화를 내는 경우도 있다. 하지만 부모가 우선적으로 해야 할
일은 아이의 힘든 마음을 아이의 입장에 서서 이해하려는
태도다. 아이가 힘든 마음을 솔직하게 털어놓을 수 있도록,
부모는 당황하지 말고 침착한 태도로 아이의 이야기에 진지
하게 귀를 기울여야 한다.

사춘기
여자아이에게
학교는 '전쟁터'

　　초등학교 고학년에 접어들면 아이는 부모와의 관계보다 친구들과의 관계를 더 중요하게 생각하기 시작한다. "친구와 쇼핑을 가고 싶다"는 등 어른 같은 욕구가 높아지는 것도 이 시기이기 때문이다. 즐거움이나 설렘을 공유할 수 있는 같은 세대의 친구는 사춘기 여자아이의 입장에서 볼 때 자신의 세계를 넓히는 데 빼놓을 수 없는 존재다.

　　그런 반면에, 친구라는 존재는 자신을 억제하고 주위에 맞추지 않으면 안 된다는 압박감으로 작용하기도 한다. 이렇게 또래 집단으로부터 받는 압박감을 '피어 프레셔(peer pressure,

여자아이 키울 때
꼭 알아야 할 것들

149

동조압력)'라고 부른다. 친구끼리의 유대관계가 강해지고 "주위에 맞추어야 한다"는 부담감이 높아지면 자신의 마음을 억제해야 하는 상황도 자주 발생한다. 약간 튀는 것만으로 친구들에게 시기를 당하고 따돌림을 당하게 되는 경우도 적지 않다.

일본 국립교육정책연구소의 조사 결과에 의하면 초등학교 4학년부터 중학생 사이에 집단괴롭힘을 당하거나 따돌림을 당해본 아이가 무려 90퍼센트에 이른다고 한다. 거의 대부분의 아이들이 집단괴롭힘이나 따돌림을 경험해본 적이 있다는 것이다.

예를 들어, 마음에 드는 귀여운 리본을 머리에 장식하고 싶다고 하자. 하지만 친구들이 "저 리본 뭐니? 쟤는 자기가 예쁘다고 착각하나 봐!"라고 놀릴까 봐 리본을 매지 못하는 경우도 있다. 친구들 중 누군가가 따돌림을 당해 신경이 쓰이더라도 이의를 제기하면 이번에는 자기가 타깃이 될지도 모른다는 생각 때문에 잠자코 모른 척하는 수밖에 없는, 그런 아이도 적지 않다. 죄책감이나 불안감을 느끼면서도 아이들은 어떻게든 자신이 존재할 수 있는 장소를 확보하고 따돌림을 받지 않기 위해 필사적으로 노력하는 것이다.

최근에는 "왠지 모르게 마음에 들지 않아서 따돌림을 한다", "이유는 특별히 없지만 그냥 무시한다"는 식의 무차별적인 따돌림이나 집단괴롭힘이 횡행하여, 학교는 마치 '언제 당할지 알 수 없는 전쟁터'와 같아졌다. 여자아이들끼리의 동조압력은 눈에 보이지 않는 압력이 되어 아이들에게 강한 긴장감을 강요하고 있다.

또한 90퍼센트의 아이들이 집단괴롭힘이나 따돌림을 당하고 있다는 점을 생각하면 "우리 아이는 기가 세니까 걱정 없어", "얌전하고 튀는 행동을 하지 않기 때문에 문제없어"라는 방심은 금물이다.

아이들은 항상 '자기 자신을 억제하고 주위에 맞춘다. 그렇게 하여 자신이 존재할 수 있는 장소를 확보한다'는 긴박한 상황에 놓여 있다는 사실을 사춘기 딸을 둔 부모들은 명심해야 한다.

휴대전화 메신저나
홈피에 주의!

　　　여자아이끼리의 집단괴롭힘 중에서도 가장 좋지 않은 것이 휴대전화 메신저을 이용한 험담이나 중상모략이다. 친구들끼리 짜고 한 아이를 괴롭히거나 익명으로 험담을 하는 경우도 있고, 휴대전화로 괴롭힘을 당하는 아이의 속옷 차림을 촬영하여 반 아이들 전부에게 메시지를 보내는 비열하기 짝이 없는 행동을 하는 경우도 있다.

　　메시지가 왔을 때 즉시 답장하지 않으면 따돌림을 당한다는 강박관념 때문에 식사를 하거나 목욕을 하는 도중에도 휴대전화를 손에서 놓지 않는 아이들도 적지 않다. 휴대전화는

24시간 쉴 틈 없이 아이들을 구속하는 무서운 도구가 되어 가고 있다.

또한 여중고생들 사이에서 인기 있는 홈피나 온라인 카페도 아이들을 위험에 빠뜨릴 수 있다. 홈피는 자신을 어필하거나 친구관계를 늘리기 위한 가벼운 커뮤니케이션 도구로서 인기가 있지만, 개인정보를 입력하기 때문에 뜻하지 않은 메일이나 사기성 메일이 날아오거나, 주소나 사진을 복사해서 악용하는 사례가 발생하는 등 여러 사회 문제나 범죄 피해의 온상이 되는 경우가 끊이지 않고 있다. 온라인 카페를 통해 성매매나 각성제에 손을 대는 등 심각한 범죄에 휘말리는 경우도 흔히 볼 수 있다.

또 회원 등록을 위해 과도한 개인정보를 등록하게 하는 사이트나, 낯선 상대와 게시판으로 이야기를 주고받는 게임 사이트, 점술 사이트 등도 주의해야 한다. 아이들이 모이는 인기 사이트를 노리고 달콤한 말로 유혹하는 나쁜 사람들이 세상에는 너무 많다. 그들의 입장에서 볼 때 '속이기 쉬운 아이'는 절호의 타깃이다.

요즘에는 초등학생들도 거의 휴대전화를 가지고 있다. 아이가 원한다고 무조건 구입해줄 것이 아니라 '무엇 때문에 필요한지', '정말로 필요한지' 아이와 잘 의논해보고 결정하도록 하자.

그리고 만약 구입해주기로 했다면,

- 개인정보는 절대로 입력하지 않는다.
- 프로필이 들어가는 어플리케이션은 이용하지 않는다.
- 사용 시간을 정한다.
- 식사시간이나 목욕을 하는 중에는 휴대전화를 사용하지 않는다.

아이와 이런 약속을 하고 반드시 필터링을 한 뒤에 사용하게 하자.

선생님을
'믿을 수 있는 아군'으로
만드는 방법

최근에는 비상식적인 주문을 하여 교사를 난처하게 만드는 '몬스터 페어런츠(monster parent, 교권을 침해할 정도로 극성스러운 학부모를 일컫는 말로, 최근 일본의 사회적 문제로 대두되었다–옮긴이)'를 비롯하여, 학교에 클레임을 거는 일이 당연한 듯 여겨지고 있다. 하지만 얼마 전까지는 "우리 아이가 이번 소풍에서 좋은 경험을 했대요. 감사합니다"라며 교사에게 감사의 마음을 전하는 부모들이 적지 않았다. 즉, 교사는 클레임의 대상이 아니라 보호자로부터 감사를 받는 존재였다.

하지만 최근에는, 예를 들어 소풍을 갔다가 돌아오면 "선생님, 학원에 지각하게 생겼잖아요!"라며 불평을 하는 학부모는 있어도, 감사의 마음을 전하는 보호자는 거의 없다. 이래서는 교사가 의욕을 잃을 수밖에 없다.

학교에서 어떤 문제가 있었을 때 아이를 보호하려면 선생님의 협력이 필요하다. 어떻게 해야 학교 선생님과 좋은 관계를 유지할 수 있을까? 선생님을 아이의 '믿음직한 아군'으로 만들려면 어떻게 해야 좋을까?

우선, 학교 선생님은 대체로 어떤 유형의 사람인지 잘 알아둘 필요가 있다.

학교 선생님이 되는 사람은 어떤 사람일까? 다음과 같은 공통점이 있다.

• 성실하고 근면하다.
• 교사나 부모에게 칭찬을 들으면서 자랐다.

즉, 교사는 '칭찬을 받거나 감사를 받으면 의욕을 느끼지만, 실수를 하거나 클레임이 들어오면 의욕을 잃기 쉬운 사람'이라는 것이다.

선생님에 대해 가장 바람직하지 않은 대응 방법은 다음과 같은 두 가지다.

- "선생님 때문이에요"라고 책망한다.
- 선생님의 말이라면 무엇이건 따른다.

클레임을 걸어 몰아세우는 것도, 반대로 상대가 선생님이라고 해서 하고 싶은 말을 참는 것도, 어떤 상황이 벌어졌을 때에 아이를 지켜줄 수 있도록 하기 위한 적절한 대처 방법이 아니다.

가장 좋은 것은 아래와 같은 방법이다.

- 평소에 "선생님, ○○해주셔서 정말 감사합니다. 우리 아이가 정말 좋아해요"라고 감사의 말을 자주 전한다.
- 아이의 상황이나 변화를 세밀하게 연락한다(단, 장시간 통화는 금물이다).
- 행사 등이 있을 때 "제가 할 수 있는 일이 없을까요?"라

고 말을 건넨다.

• 바라는 것이 있으면 '부탁하는 말투'로 '구체적으로' 이
야기한다.

평소에 "감사합니다"라고 감사의 마음을 전하거나 "지금
바쁘시지요? 혹시 제가 도와드릴 수 있는 일이 없을까요?"라
고 노고를 위로하는 말을 건네며 신뢰관계를 만들어가는 것
이다.

또, 중요한 문제가 있을 때만 선생님과 상담해야 한다고 생
각하여 너무 어려워하는 태도도 바람직하지 않다. 평소에 사
소한 문제가 있다고 해도 자주 연락을 취해야 큰 문제를 미리
방지할 수 있다.

사실은 마음에 걸리는 문제가 있는데 "선생님은 바쁘니까
이 정도 문제로 상담을 하는 건 바람직하지 않아"라고 생각하
여 그대로 넘어가는 이들도 있는데, 그것이 오히려 큰 문제로
발전하게 될 가능성이 있다.

"사소한 문제니까……" 하고 넘어갈 것이 아니라, 그때마
다 상담을 하는 것이 선생님의 입장에서도 정보를 얻을 수 있

기 때문에 고마운 일이다.

선생님과의 거리를 가능하면 가깝게 좁혀서 아이에 대해 언제든지 자연스럽게 상담할 수 있는 분위기를 만들자.

기분이
가라앉아 있는 아이는
어떻게 대처해야 할까?

초등학교 6학년인 가호는 전학을 온 학교에서 친구를 만들지 못해서 학교에 가고 싶지 않다고 이야기하기 시작했다. 하지만 가호의 어머니는 어떻게든 지금 다니고 있는 학교에 보내고 싶어 한다.

"전학을 온 지 벌써 두 달이 지났는데 우리 가호는 아직 친구를 만들지 못한 것 같아요. 그래서 학교에 가기 싫다고 짜증만 내요."
"새로운 환경에 익숙해지지 못하고 있군요. 여자아이끼리의 그룹은 결속력이 강하기 때문에 새로운 친구를 쉽게 받아들이지 않는 경우가 많습니다. 학교 선생님과 상담은 해보셨나요?"

"잠깐 상담해본 적은 있어요. 하지만 학교에서는 특별히 문제도 없고, 잘 지낸다고 하더라고요. 친한 친구를 만든 것 같지는 않지만 그런대로 잘 지낸다고……. 그래서 좀 더 지켜보자고 하셨어요."

"집에서는 학교생활에 대해서 뭐라고 말합니까?"

"재미없다고, 전에 다니던 학교로 돌아가고 싶다고 해요. 하지만 그건 불가능하니까 빨리 새로운 환경에 적응해야 하지 않겠어요? 이제 열두 살이 되니까 학교에 가기 싫다고 응석을 부릴 나이는 아니잖아요.

그리고 친구라는 게 자기가 먼저 적극적으로 다가가야 만들 수 있잖아요. 전에 다니던 학교만 그리워하고 친구를 만들 노력은 하지 않는 가호에게도 문제가 있어요. 그래서 '좀 더 적극적으로 친구를 만들어봐. 그러지 않으면 새로운 학교에 적응하기 힘들어'라고 말은 해주었는데……."

고민하는
아이에게
해서는 안 되는 말

친구를 만들지 못하거나 괴롭힘이나 따돌림을 당해 우울해하는 아이에게 위로를 한답시고 경솔한 말을 하는 것은 오히려 역효과다. 가장 나쁜 태도는 고민하고 있는 아이에게 "네게도 문제가 있어"라고 지적하는 것이다.

특히 다음과 같은 세 가지는 금물이다.

- "네게도 문제가 있겠지."
- "그런 건 네가 신경 쓰지 않으면 돼."
- "네가 좀 더 강해지면 돼."

'자신을 바꾼다', '신경 쓰지 않는다', '참는다…….' 이런 마음으로 이겨낼 수 있을 정도로 아이들의 인간관계가 만만한 것이 아니다.

부모 입장에서는 어떻게든 이겨내기를 바라는 마음에서 아이에게 기대를 걸 수도 있지만 고민에 빠져 있는 사춘기 아이의 입장에서 볼 때 이것은 매우 가혹한 주문이고, 부모의 독단적인 생각이다.

나는 가호의 어머니에게 다음과 같은 조언을 했다.

"어머니의 마음도 충분히 이해할 수 있습니다만 사춘기는 매우 미묘한 시기입니다. 어른스러워 보이면서도 아직 불안정한 부분이 많이 있지요.

지금 아이는 필사적으로 '힘들어! 학교에 가기 싫어!' 하고 비명을 지르고 있습니다. 그 마음을 이해하고, 그 이야기에 충분히 귀를 기울여주어야 합니다."

"이해하고 받아들여주면 더 나약해져서 응석만 부리게 되지 않을까요? 그러다가 등교거부를 한다거나 자기 방에 틀어박혀 나오지도 않는 은둔형외톨이가 되거나 하는……."

"아이는 한계에 다다를 때까지 노력을 하고 있는데도 친구를 만들지 못해서 완전히 지친 상태입니다. 마음의 에너지를 모두 소진해서 쓰러질 것 같은 상태이지요. 여기에서 더 무리하게 하면 더 우울해져서 정말로 학교에 가기 싫어할 가능성도 있습니다. 지금은 일단 충분히 쉬게 하고 맛있는 음식도 먹이도록 하십시오. 그렇게 해서 마음의 에너지를 충전시켜 주어야 합니다. 두 달 동안 혼자 지내야 했다면 가호의 에너지는 틀림없이 모두 소진되었을 겁니다."

"그렇군요. 등교거부라도 하는 것이 아닌가 하는 생각에 힘들어하는 아이를 더욱 구석으로 몰아넣었던 것이군요……."

괴롭힘이나
따돌림을 당하고 있다는
사실을 알았다면

아이가 학교에 가기 싫다고 하거나 괴롭힘이나 따돌림을 당하고 있다는 사실을 알았을 때에는 무엇보다 먼저 아이의 마음을 이해해주는 자세로 이렇게 말해주도록 하자.

"엄마(아빠)는 네 편이야."

아이가 힘든 상태에 놓여 있을 때 무엇보다 필요한 것은 부모가 '마음의 안전기지'가 되어주는 것이다. "엄마(아빠)는 네 편이야", "엄마가 지켜줄 테니까 걱정하지 마"라고 말을 걸어

주고 아이의 이야기에 충분히 귀를 기울이며 그 마음을 이해해주는 것이다.

"학교 가기 싫어! 짜증 나!"라고 말하는 아이는 사실은 학교에 가고 싶어 하고, 가지 않으면 안 된다는 것을 잘 알고 있다. 정말로 "학교에 가지 않는 게 편해. 그냥 놀고 싶어"라고 생각하는 아이는 거의 없다.

현재 대학생인 가즈미 씨도 초등학교 6학년 때 다른 아이들이 자신의 소지품을 숨기거나 빼앗는 등 괴롭힘을 당해서 매우 힘들었다고 한다. 하지만 그 사실을 알게 된 엄마가 눈물을 흘리면서 "그랬어? 우리 딸은 이렇게 착한 아이인데 어떻게 그럴 수 있을까. 이렇게 예쁜 아이인데……"라고 말하며 따뜻하게 안아주었다고 한다. 엄마의 그런 말과 행동을 보고 그녀는 "그래, 나는 행복한 거야"라고 생각하고 기운을 낼 수 있었다.

괴로운 마음을 이해하고 받아들여주는 엄마의 존재는 아이에게 "힘들지만 어떻게든 이겨내야 돼"라고 기운을 내게 해주는 마음의 지주이다.

학교에서 괴롭힘이나 따돌림을 당했을 때 아이는 두 종류로 나뉜다.

- 부모에게 힘든 마음을 이야기할 수 있는 아이
- 부모에게 이야기하지 않는 아이

이것은 매우 중요한 갈림길이다.

사춘기 여자아이를 키울 때 가장 중요한 것은 무언가 괴로운 일이 있을 때 그 고민을 이야기하거나 나약한 마음을 털어놓을 수 있는 관계를 만들어두는 것이다. 이것만큼 중요한 것은 없다.

아이가 고민이나 힘든 점에 대해 이야기했을 때에는, "솔직하게 이야기해줘서 고마워"라고 말해주는 것도 잊지 말자. 고맙다는 말을 들으면 아이는 고민을 털어놓은 것을 긍정적으로 받아들이게 된다. "말해줘서 고마워"라는 아빠와 엄마의 말은 충격을 해소해주고, 아이의 마음에 자기긍정의식을 높여준다.

경우에 따라서는 괴롭힘이나 따돌림이 너무 심해서 "이내로 내버려두면 아이가 자살을 할지도 모른다"는 상황이 발생할 수도 있다. 그럴 때는 다소 무리해서라도 학교를 쉬게 하고 본가나 친정 등 약간 떨어진 안전한 장소로 아이를 피난시킨다. 그 후에 아이의 마음이 조금 평온해졌을 때 담임선생님에게 연락을 해서 상담을 하도록 한다.

선생님이 어떻게 지도를 하고 있는지 걱정이 되는 경우에는 "지도를 하시기 전에 어떤 방식으로 지도를 하실 건지 알려주실 수 있을까요?"라고 부탁을 해두는 것도 한 가지 방안이다.

아이를 지키기 위해서라도 보호자와 선생님은 확실하게 팀워크를 이루어야 한다.

친구가 없다고
걱정할 필요는 없다

사춘기 여자아이의 입장에서 볼 때 친구를 만들어 그 '그룹'에 소속된다는 것은 자신이 존재할 수 있는 장소를 확보한다는 데에서 큰 의미를 가진다.

그렇다고 "친구를 만들지 못하면 빵점이다", "친구가 없으면 즐거운 학교생활을 보낼 수 없다"는 것은 아니다.

어떤 여중생이 이런 상담을 해온 적이 있다.

"선생님, 친구가 꼭 필요한 거예요? 뜻이 맞지 않는데도 맞춰주어야 하고, 재미도 없는데 억지로 웃어줘야 하고……. 저, 정말 미쳐버릴 것 같아요."

찌를 듯한 진지한 눈길로 분노를 참으며 말하는 그 아이에 게 압도당하면서 나는 이렇게 이야기해주었다.

　"……필요하지 않을 수도 있지. 무리해서 만든 친구는 친 구라고 말할 수 없을 거야. 혼자 있는 게 훨씬 더 충실한 시간 을 보낼 수 있다면 혼자 있는 게 나을 수도 있어."

　그렇다. 혼자 있는 것도, 친구를 만들지 않는 것도, 결코 이 상한 일이 아니다. 아이에 따라서는 친구와 함께 있는 것보다 혼자 책을 읽거나 그림을 그리는 것이 훨씬 충실한 시간을 보 내는 경우도 있다. 아인슈타인이나 칸트 등 나중에 천재라고 불린 인물들은 어린 시절에 줄곧 혼자 지낸 경우가 많고, 한 가지 일에 몰두하는 시간은 어린아이의 상상력이나 창조력을 비약적으로 높여준다는 장점도 있다.

　중학생 시절에 등교거부를 하고 방에 틀어박혀 좋아하는 만화만 그리다가 마침내 만화가가 된 여성도 있다. 만화가가 된 그녀가 밝은 표정으로 자신의 과거를 이야기할 때에는 등 교거부나 은둔형외톨이로 지냈을 때와는 전혀 다른 사람이었 다. 그녀의 입장에서 볼 때 혼자 있는 시간은 외롭고 고통스 러운 고독한 시간이 아니라 창조성을 풍부하게 키울 수 있는 더할 나위 없이 만족스러운 소중한 시간이었던 것이다.

친구와의 관계 때문에 고민하면서 늘 괴로운 마음으로 지낼 바에는 굳이 친구를 만들 필요가 없다. 아이가 친구를 만들지 못해서 집에서 혼자 지내는 일이 많다고 해도 아이 자신이 즐거워 보인다면 걱정할 필요 없다. 그러다 보면 반드시 마음이 맞는 친구를 찾을 것이다. 친구가 생길 때까지 엄마가 아이의 가장 좋은 친구가 되어주면 된다.

"당한 만큼 갚아라"라고
가르치는 것은
금물이다

초등학교 2학년인 사유리와 치즈루는 유치원 시절부터 사이좋은 친구였는데 최근에 사유리가 "치즈루가 괴롭혀"라고 말하기 시작했다. 사유리의 어머니는 그 때문에 걱정이 되었다.

"부모들이 보고 있을 때는 둘이서 사이좋게 놀지만 아이들만 있으면 치즈루가 사유리에게 이것저것 시키는 것 같아요. '저것 좀 가져와', '빨리 해'라고 명령을 한다는 거예요. 놀 때도 치즈루가 하고 싶은 것만 하고 사유리가 하고 싶은 건 무시한대요. 사유리는 천성적으로 다른 사람을 잘 따르는 부분도 있으니까 활발한 성격인 치즈루와 있으면 어떤 의미에서 편할지도 모르지만요……."

"하지만 괴롭힌다는 말을 하기 시작했다는 건 치즈루와 있는 게 불편하다는 뜻이겠지요?"

"얼마 전에 치즈루와 놀고 들어온 사유리가 갑자기 울음을 터뜨렸어요. 치즈루가 이것저것 시키는 게 싫어서라기보다 그 말투에 상처를 받은 것 같아요."

"치즈루의 말투가 심하다고 느낀 것이군요."

"하지만 선생님, 말투가 심하다고 울음을 터뜨린다니……. 정신적으로 너무 나약한 것 아닐까요? 앞으로 고학년이 되면 괴롭힘이나 따돌림 같은 더 힘든 일이 있을 수도 있잖아요. 당하면 갚아주는 강인함이 없으면 앞으로 어떻게 버텨내겠어요……."

부모들 중에는 이런 말을 하는 사람도 있다.

"배려만으로 살 수 있을 정도로 세상은 만만한 게 아니지요. 우리는 당하면 갚으라고 아이를 가르치고 있습니다."

하지만 당한 만큼 갚으라고 가르치면 아이는 '누군가에게 상처를 받으면 보복해도 상관없다', '상처를 받으면 갚아주어서 우월감을 느끼는 것은 나쁜 것이 아니다'라고 생각하게 된다. 이래서는 세상이 약육강식의 사회가 될 수밖에 없다.

자신의 마음을
부드럽게 전할 수 있는
아이로 키운다

"당하면 갚는 것이 나쁘다면, 선생님, 우리 사유리 같은 경우는 참고 있을 수밖에 없다는 말씀인가요? 상처를 받아도 그냥 참아야 한다는 건가요?"

"아닙니다. 무조건 참고 있어서는 안 되지요. 기분 나쁜 대우를 받았으면 분명하게 '싫다'라고 말해야 합니다. '나는 이런 건 하고 싶지 않아', '그런 말은 나에게 상처를 주는 거야. 그러니까 하지 마'라고 상대방에게 분명하게 말을 해야지요."

"그런 말투는 당한만큼 갚는 말투가 아닌가요?"

"당한만큼 갚는다는 것은 상대방을 비난하거나 책망하는

것이지요. '너는 나쁜 아이야!'라고 말한다면 상대방을 꾸짖는 말투가 됩니다. 하지만 '나는 이렇게 느꼈어. 그러니까 이렇게 해주면 좋겠어'라는 말투라면 상대방을 비난하는 것은 아니지요. '나는'을 주어로 삼은 '나-메시지'로 솔직하게 마음을 전하면 상대방은 나를 욕하고 있다거나 보복을 하는 거라고는 생각하지 않겠지요."

"그렇군요……. 상대방을 비난하지 않고 자신의 마음을 전하는 것이 자기 자신을 지키는 방법이군요. 싸움을 하거나 말다툼을 했을 때 강하게 나가야 하는지, 아니면 참아야 하는지, 그 두 가지 방법밖에 없다고 생각했는데 그런 방법이 있었군요."

우리는 평소에 그다지 의식하지 않고 대화를 하지만 '자신의 마음을 전달하는 방법'에는 크게 나누어 세 가지 패턴이 있다.

1. 상대방을 무시하고 자신의 생각만을 밀어붙이는 공격적인 전달 방법

: 상대방을 공격한다. 화를 낸다.

2. 자신을 억제하고 상대방을 우선하는, 자기주장을 하지 않는 전달 방법

: 무조건 참는다. 돌아서서 억울해한다.

3. 상대방을 소중하게 대하면서 자신의 마음도 전달하는 어서티브 (assertive)한 전달 방법

: 상대방을 부정하지 않고 자신의 마음도 전달하는 방법. 스트레스를 받지 않고 싸움도 하지 않는 가장 바람직한 전달 방법.

세 번째 방법과 같이, '어서션(assertion, 자기주장)'을 갖추고 "나는 괴롭힘을 당할 사람이 아니야"라고 상대방에게 분명하게 전할 수 있게 되면 주위에서 인정해주는 존재가 된다.

어린 시절, 누구나 이런 경험이 있을 것이다. 다른 아이를 괴롭히는 쪽도 아니고 괴롭힘을 당하는 쪽도 아닌, '왠지 모르게 아이들이 인정해주는 아이'는 분명히 있다. 괴롭힘이나

따돌림에서 아이를 지키기 위해 반드시 '왠지 모르게 아이들이 인정해주는 아이'로 키우자.

아래에 구체적인 대화의 예를 소개한다.

빌려간 만화책을 돌려주지 않을 때

☁ "돌려달라고 했잖아!"라고 울면서 말한다. (화를 낸다)

☁ "아직 더 보고 싶은 거구나. 그래, 알았어" 하고 물러선다. (참는다)

☀ "그 만화, 재미있지? 하지만 나도 읽어봐야 하니까 이제 돌려줘. 미안하지만 내일 가지고 와"라고 부드럽게, 그리고 의연한 태도로 말한다. (자기주장)

"너 정말 못생겼다"라는 말을 들었을 때

☁ "뭐? 지금 뭐라고 했어? 네가 더 못생겼어!" (화를 낸다)

☁ "그래? 역시…… 나는 못생겼구나" 하고 웃어넘긴다. (참는다)

☀ "……그런 말을 들으면 기분이 나빠지니까 하지 않았으면 좋겠어"라고 침착한 태도로 말한다. (자기주장)

엄마 자신이
자기주장의 모델을
보여준다

딸에게 자기주장을 하는 방법을 가르치려면 엄마 자신이 실제로 자기주장을 하는 모습을 실행해 보이는 것이 가장 좋은 방법이다. 예를 들어, 아이 앞에서 남편과 말다툼을 하게 되었을 때 이런 식으로 대화해보는 것이다.

남편이 연락을 하지 않고 늦게 귀가하여 식사를 준비한 보람이 사라졌을 때

〈나쁜 예〉

아내: "왜 연락을 안 해요! 아무리 일이 바빠도 전화 한 통

은 해줄 수 있잖아요! 기껏 저녁을 준비해놓았는데 이게 뭐예요!"

남편: "시끄러워! 늦게까지 접대하느라 피곤해 죽겠는데 왜 잔소리야!"

〈자기주장의 예〉

아내: "고생했어요. 피곤하죠? 오늘 갑자기 무슨 일이라도 있었어요?"

남편: "미리 연락 못 해서 미안해. 부장님이 참석하기로 한 ○○사 접대에 내가 갑자기 나가게 되어서……."

아내: "저녁때 당신이 좋아하는 낙지볶음을 했는데 못 먹어서 아깝네. 다음부터는 늦을 것 같으면 미리 전화 좀 해줘요."

남편: "알았어. 미안해."

어떤가? 부부끼리의 이런 대화를 보는 것만으로도 아이는 부모를 통해 '어서티브 커뮤니케이션' 방법을 배우게 된다. 일상생활에서의 부부의 대화를 통해 아이에게 '살아 있는 자기주장의 모델'을 보여주도록 하자.

어서티브 커뮤니케이션에서는 말뿐 아니라 표정이나 말투도 중요하다. 퉁명스러운 말투나 찡그린 표정으로 이야기하는 것이 아니라 밝고 부드러운 안정된 말투와 표정으로 긍정적으로 이야기하도록 하자.

5장

엄마와 딸의 유대관계를
돈독하게 만드는 방법

여자아이는
엄마의 기대에
부응하고 싶어 한다

아직 아이가 어린 부모들에게는 조금 이른 이야기가 될 수도 있지만, 이번 장에서는 사춘기 이후의 모녀관계에 관하여 다루어보기로 한다.

나는 중학생이나 고등학생을 대상으로 강연을 하는 경우가 있다. 그때 특히 성적이 높은, 우수한 여학교에서 학생들에게 반드시 하는 말이 있다.

"엄마를 배신해도 됩니다. 엄마의 기대에 부응하기 위해 지나치게 참고 노력하지 않아도 됩니다."

이 말 한마디에 눈물을 흘리는 여학생도 있다.

남자아이의 육아에 대해서 "무슨 생각을 하는지 모르겠다", "침착하지 않고 말을 듣지 않는다. 정말 걱정된다"는 고민을 상담하는 경우는 흔히 있다.

이에 비해 여자아이의 어머니는 "동성이기 때문에 딸의 마음을 충분히 이해해요", "아들과 비교하면 딸은 정말 키우기 편해요"라고 말하는 사람이 많다. 하지만 여기에는 사실 커다란 함정이 있다.

여자아이는 가장 가까운 엄마에게 사랑을 받고 싶고 인정을 받고 싶다는 강한 바람을 가지고 있다. 자기가 하고 싶지 않은 일을 시켜도 여자아이는 "엄마에게 사랑받고 싶어. 엄마에게 인정받고 싶어"라는 생각에 일단 노력을 하는 것이다. 하지만 아이의 그런 생각은 전혀 모른 채 더 큰 기대를 거는 어머니도 적지 않다.

중학교 2학년인 도모미의 어머니도 딸아이의 마음을 모르는 그런 어머니 중의 한 사람이었다.

"딸아이가 엄마에게 사랑받고 싶어 한다니 말도 안 돼요.

우리 도모미는 제게 반항만 하는데요? 초등학생 때까지는 얌전하고 착한 아이였는데 중학교에 들어가고부터는 제대로 대답도 안 해요……. 숙제도 안 하고 연습도 안 나가고, 게다가 말투까지 거칠어져서 제가 주의를 주면 '시끄러워, 이 할망구야!' 하고 고함을 질러요. 그랬던 애가 아닌데……."

"사춘기군요. 초등학생 때까지는 착한 아이였는데 중학교에 들어가서 반항이 시작되는 것은 보기 드문 일이 아닙니다."

"엄마에게 '이 할망구야!'라고 고함을 지르는데요? 그 아이 때문에 요즘에 집안 분위기가 정말 나빠졌어요. 오빠는 지금 대학입시를 앞두고 있는데……. 학교 선생님이 우리 아들은 조금만 더 노력하면 도쿄대학도 갈 수 있다고 기대하고 있을 정도예요. 오빠는 정말 우수한데 도모미는 왜 그러는지……. 성적도 그저 그렇고, 얼굴도 예쁘지 않고."

"아니지요. 딸에게 '예쁘지 않다'는 말은 절대로 해서는 안 됩니다. 엄마가 그런 말을 하면 아이는 실망해서 살고 싶은 생각이 없어질 겁니다. 도모미가 최근에 난폭하게 행동하는 건 엄마가 신경을 써주기를 바라기 때문인 것 같군요. 오빠처럼 자기에게도 사랑을 달라는 사인 같습니다."

엄마의
지나친 기대가
딸을 망친다

"선생님, 제가 도모미를 사랑하지 않는다고 생각하세요? 저도 도모미를 사랑해요. 피아노나 발레도 배우게 하고, 예쁜 옷도 사주고, 유명한 학원에 다니게 하고⋯⋯. 어떤 여자아이에게도 뒤지지 않을 정도로 열심히 애정을 쏟고 있어요. 하지만 도모미는 뭘 해도 실패만 하고, 눈에 띄지도 않고, 노력하는 끈기도 없어요. 어느 정도는 부모의 기대에 부응해주었으면 좋겠어요."

"어머니 나름대로 도모미에게 애정을 쏟고 계시는군요. 도모미도 아마 엄마의 애정이나 기대에 부응하려고 지금까지 열심히 노력했을 겁니다. 초등학생 때까지는 착한 아이였다는 것이 무엇보다 확실한 증거이지요."

"그럼 왜 갑자기 착한 아이에서 나쁜 아이로 변한 걸까요?"

"아무리 노력해도 엄마의 기대에 미칠 수 없다고, 엄마를 기쁘게 할 수 없다고, 아니 기쁘게 하기는커녕 오빠와 비교할 때 모자란 아이로 실망만 시킨다고 생각했겠지요. 그런 느낌을 받는다면 누구나 노력하고 싶은 기력을 잃게 됩니다. 말을 듣지 않고 엄마에게 폭언을 내뱉게 되는 것은 아무리 노력해도 인정해주지 않는 엄마에 대한 작은 반항입니다."

"작은 반항도 제게는 커다란 충격이에요. 그리고 부모가 아이에게 기대를 하는 게 뭐가 나쁜가요? 부모의 기대가 아이를 성장시키는 경우도 있지 않나요? 기대에 부응할 수 없다, 그러니까 반항한다? 그게 뭔가요. 저는 도대체 이해할 수가 없어요."

"아이에게 기대를 가지는 게 나쁘다는 말이 아닙니다. 부모가 전혀 기대를 하지 않는다면 아이 입장에서는 그것도 고통이니까요.

하지만 어머니, 아이는 부모가 굳이 기대하는 모습을 보이지 않더라도 어떻게든 부모의 기대에 부응하고 싶다고, 부모를 기쁘게 하고 싶다고 생각합니다. 그렇기 때문에 부모가 지나치게 기대를 하면 아이 입장에서는 성장은커녕 오히려 부담감을 느끼게 되지요.

아이에게 필요한 것은 기대가 아니라 응원입니다."

아이를 위해서 하는 일인가,
나 자신을 위한 일인가?

"응원은 지금까지 충분히 해왔어요. 도모미를 위해 제가 얼마나 많은 시간과 돈을 투자했는데요! 도모미가 하고 싶다는 건 어떻게든 하게 해주었어요. 이런 노력이 응원이 아니면 도대체 뭐겠어요?"

"어머니는 책임감이 매우 강한 분인 것 같습니다. 그건 정말 훌륭한 부분입니다. 하지만 어머니께서 말씀하시는 '도모미를 위한 것'이 정말 도모미를 위한 것일까요? 혹시 그게 도모미가 아니라 어머니 자신을 위한 것은 아닐까요?

아이가 나중에 후회하지 않도록 해준다는 것이 도모미의

입장에 서서 생각하신 건가요? 그 부분을 다시 한 번 생각해보시지요. 지금 도모미에게 가장 필요한 응원이 무엇인지 함께 생각해보도록 합시다."

잠시 침묵을 지키던 어머니가 조용히 이야기를 시작했다.

"……저희 친정은 가난해서 옷도 변변히 사주지 않았고 대학에도 갈 수 없었어요. 남동생은 대학에 갔지만 여자는 공부해도 소용없다는 이유로 저는 갈 수 없었지요. 정말 억울했어요. 그래서 도모미는 그런 가슴 아픈 기억을 만들어주고 싶지 않아서, '부모가 이렇게 해주지 않았다'고 후회하지 않게 하려고 필사적으로 노력했어요. 부모가 할 수 있는 가장 큰 응원은 노력하는 아이를 위해 보이지 않는 곳에서 돈과 시간을 아끼지 않고 지원하는 것이니까요……. 아닌가요?"

"어머니 자신을 돌이켜보십시오. 가장 고통스러웠던 것은 진학을 못 하게 되었던 게 아니라 남동생을 우선하고 여자는 공부해도 소용없다고 무시를 당했던 것 아닙니까?"

"그러면…… 저는 제가 하고 싶었던 것을 도모미에게 강요하고 있었던 걸까요? 도모미를 위해 도움이 될 거라고 생각했는데……. 지금까지의 저의 노력은 무엇이었을까요? 도모미는 저를 할망구라고 욕하면서 아예 상대하려 하지 않아요. 이제 방법이 없는 걸까요?"

"걱정하지 마십시오. 아직 늦지 않았습니다. 입으로 무슨 말을 하건 아이는 마음속으로 엄마를 사랑하고 있으니까요. 세상에 자식을 사랑할 수 없는 부모는 있어도 부모를 사랑할 수 없는 자식은 한 명도 없습니다."

엄마는
딸을 자신의 일부라고
착각하는 존재

도모미의 어머니처럼 "자기가 하고 싶었던 것을 딸에게는 해주고 싶다"라고 생각하는 엄마들이 적지 않다.

"결혼을 해도 일은 계속하고 싶었는데 그럴 수 없었어요"라고 말하는 사람은 딸에게 일을 계속하기를 바라고, "부모님이 바빠서 제대로 보살펴주지 않았어요"라고 말하는 사람은 딸과 함께 있는 시간을 적극적으로 만들기 위해 노력한다.

엄마는 자신의 부모, 특히 자신의 엄마에게 받지 못한 것을 딸에게 해주려고 생각하기 쉽다. "○○를 할 수 없었던 나는 불행한 아이였어. 그러니까 내 딸에게는 ○○를 하게 해서 행복하게 해주고 싶어"라고 생각하는 것이다.

하지만 자신이 손에 넣지 못한 것을 주는 것이 딸에게 반드시 도움이 되지는 않는다. 아이는 엄마와는 다른 인격체다. 아이의 입장에서 볼 때 필요한 것은 그 인격에 따라 달라진다. 부모가 해야 할 노력은 딸이 하고 싶어 하는 것을 마음껏 즐길 수 있도록 응원해주는 것이지, 자기가 할 수 없었던 것을 주는 것이 아니다.

자기가 필요하다고 생각했던 것이 딸에게도 필요할 거라고 생각하는 사람이 있다. 하지만 그런 생각이 드는 이유는 아이를 자신의 일부, 또는 자신의 복사판으로 생각하기 때문이다. 자신과 아이를 동일시하기 때문에 자신의 마음을 딸에게 투영해서 생각하는 것이다.

엄마의 기대에 부응하고 싶다고 생각하는 딸의 입장에서 볼 때 엄마의 그런 생각은 짐밖에 되지 않는다. 딸을 위한다는 생각을 한다면 이룰 수 없었던 자신의 바람이 아니라 딸 자신이 원하는 것이 무엇인지 생각해야 한다.

부모가 좋다고 생각하는 것을 딸에게 권하는 것이 잘못이라는 의미가 아니다. 때로는 부모의 신념이나 바람에 근거를

두고 "이렇게 해라", "안 되는 건 안 되는 것이다"라고 조언을 해야 할 필요도 있다.

그러나 신념이나 바람에 의한 조언과 자신이 이룰 수 없었던 꿈을 딸에게 위탁하여 자기투영을 하는 것을 혼동하면 안 된다. 부모가 해야 할 일은 있는 그대로의 딸을 응원하고 지원하고 지켜보는 것이다.

친정어머니와의
관계를 되돌아볼
필요가 있다

부모에게 받을 수 없었던 것을 딸에게 주겠다고 생각하는 경우도 있지만, 부모에게 받은 것을 그대로 딸에게도 주겠다는 생각도 엄마와 딸 사이에 흔히 있을 수 있는 일이다.

도모미의 어머니는 도모미를 "머리도 나쁘고 얼굴도 예쁘지 않다"라고 말했는데, 사실 이것은 어머니 자신이 친정어머니에게 늘 들었던 말이라고 한다.

"엄마는 늘 '너는 피부도 검고 얼굴도 못생겼어. 머리 좋은 게 그나마 다행이야'라고 말했어요. 그래서 저는 어떻게든 공부를 해서 그나마 쓸모 있는 머리라도 살려보려고 노력했어요. 하지만 결국 여자는 공부해도 소용없다면서……. 그 말에 정말 절망감을 느꼈어요."

딸에게 "못생겼다"는 말은 정말 심한 표현이다. 하지만 도모미의 어머니는 자신도 친정어머니에게 늘 그런 말을 들었기 때문에 그런 말을 사용하는 데에 아무런 거부감을 느끼지 않게 되었던 것이다.

"엄마에게 처음 못생겼다는 말을 들었을 때는 할 말을 잃을 정도로 깊은 상처를 받았어요. 하지만 자주 듣다 보니까 어느새 익숙해져서 이 말이 얼마나 심한 말인지 무감각해지고 말았어요.

그래서 도모미에게도 아무렇지 않게 사용했던 거예요. '얼굴이 못생겼으면 애교라도 부려봐!' 하면서요.

가끔, 제가 엄마 입장에서 너무 심한 말을 하고 있다는 생각도 했어요. 하지만 '나도 그런 말을 들었지만 이렇게 잘 살고 있으니까 도모미도 크게 신경 쓰지 않겠지' 하는 생각에······."

　모녀의 이러한 세대 간 연쇄고리는 누구에게나 일어날 수 있다. 결코 특수한 예가 아니다. 엄마와 딸이라는 관계는 애증이 뒤섞여 서로에게 상처를 주는 경우도 흔하다.

　하지만 설사 모녀라고 해도 상대방에게 상처를 입히는 말이나 행동이 바람직할 리 없다. "딸이니까 무슨 말을 해도 상관없어"라고 생각한다면 커다란 오산이다.

　여러분도 자신의 엄마와 이런 일이 있지는 않았는가? 엄마에게 당한 기분 나쁜 경험을 딸에게 그대로 이행하고 있지는 않은가? 짐작 가는 부분이 없는지, 자신과 엄마의 관계를 냉정하게 돌이켜보자. 그리고 부디 딸에게는 여러분의 엄마에게 받은 '좋은 경험'만 물려주자. 엄마에게 받은 '나쁜 경험'은 여러분의 딸에게 되풀이하지 말자. 불행의 연쇄고리는 여러분의 대에서 용기를 내어 끊어버리자.

딸은
카운슬러가 아니다

딸에게 의지하거나 마음을 기대는 것은 나쁜 일이 아니다. 그러나 도가 지나쳐 딸을 카운슬러 대신으로 생각하는 이들을 흔히 볼 수 있다.

초등학교 5학년인 마키의 어머니는 '착한 아이'인 마키가 최근 들어 학교에서 문제를 일으켜서 담임선생님에게 주의를 들었다는 이유에서 고민에 빠졌다.

"별것 아닌 문제로 담임선생님에게 대들었대요. 하지만 집에서는 특별히 문제를 일으키지도 않고 예전과 다름없이 착한 아이예요. 말도 잘 듣고 이것저것 도와주려고 하고…….”

“집에서는 착한 아이인데 학교에 가는 순간 이유도 없이 말썽을 부린다니, 이해하기 어렵군요. 반드시 뭔가 이유가 있을 텐데 혹시 짐작가는 부분이라도…….”

“……사실, 말씀드리기 곤란하지만 남편이 구조조정을 당해서 직장을 잃었어요. 그래서 정신적, 경제적으로 매우 불안정한 상황이에요. 저는 파트타임으로 아르바이트를 하게 되었고, 마키는 학원을 그만두고 제가 일을 나간 동안에 집안일을 돕게 되었어요. 마키가 거칠어진 건 아마 그 때문인 것 같아요. 학원을 그만두고 집안일을 하게 되었으니까 무척 실망했을 거예요. 남편이 직장만 잃지 않았어도 이런 일은 없었을 텐데…….”

“요즘 불황이니까 어쩔 수 없는 일이지요. 구조조정을 당한 가정은 정말 힘들 겁니다……. 그러니까 학원을 그만두고 집안일을 돕게 되면서 그 실망감 때문에 마키가 거칠어졌다고 생각하시는군요.”

“하지만 마키는 착한 아이여서 싫은 표정은 보인 적이 없어요. 오히려 전보다 더 즐거운 모습으로 저를 도와주고 있어요. 엄마에게 도움이 된다면 학원 같은 건 다니지 않아도 된다고 말하면서……. 그 아이, 정말 착한 아이예요. 낙담하고 있는 아빠를 격려해주고 제 불평도 모두 들어주고요."

"불평…… 이라면……?"

"우리 남편은 노력도 하지 않고 기가 너무 약해요. 구조조정을 당한 것도 아마 그런 점들이 작용했기 때문일 거예요. 직장을 찾을 생각도 안 하고 밤이 되면 술만 마시고……. 마키가 잘못되면 어떻게 하려고 그러는지……. 예전에는 그런 사람이 아니었는데……. 아, 죄송해요. 마키 문제로 상담을 하러 왔는데 남편에 대한 불평을 하고 있네요."

"아닙니다. 불평을 듣는 것도 카운슬러의 일이니까요. 하고 싶은 말이 있으면 마음껏 하십시오. 그게 마키에게도 도움이 될 것 같으니까요."

"네? 제가 선생님에게 남편에 대한 불평을 하는 게 마키에게 도움이 된다고요? 그게 대체 무슨 말씀이신지……."

아이를 방임하면 애정결핍으로 문제를 일으킨다

"여자아이는 엄마에 대한 생각이 깊어서, 진심으로 '엄마에게 도움이 되고 싶다', '엄마에게 인정을 받고 싶다'고 생각합니다. 그 때문에 엄마의 불평을 듣는 것은 사실 매우 고통스러운 일이며 힘든 일이지요. 하지만 엄마를 사랑하기 때문에, 엄마를 부정하고 싶지 않기 때문에 '불평 좀 하지 마!'라고 말할 수 없는 겁니다.

마키의 경우, 그 스트레스가 학교에서의 문제행동으로 나타나는 건지도 모릅니다……. 어머니가 마키가 아니라 저 같은 카운슬러에게 불평을 할 수 있다면 마키의 마음도 가벼워

질 수 있지요. 여기에서 불평을 모두 이야기하고 가벼운 마음으로 돌아가신다면 집에서 마키를 상대로 불평을 하지는 않겠지요?"

"……생각해보면 제가 불평뿐 아니라 '돈이 없어서 살아갈 기력도 없다'거나 '이대로 가면 가족이 모두 지쳐 죽을 거야'라며 마키를 앉혀놓고 무기력한 이야기만 늘어놓은 것 같아요. 마키가 학교생활과 관련 있는 문제를 의논하려고 해도 바쁘다는 이유로, 피곤하다는 이유로 제대로 귀를 기울인 적도 없고요."

"마키가 학교에서 문제를 일으키는 것은 좀 더 자기에게 신경을 써달라는 신호일 수도 있습니다. 어머니에게 마키를 안아줄 여유가 없기 때문에 애정결핍 상태에 빠져 있는 것이지요. 애정결핍을 치료하려면 어머니의 애정을 듬뿍 쏟아부어야 합니다.

다만, 어머니 혼자 무리해서 노력하는 것도 바람직하지 않으니까 담임선생님에게도 집안 사정을 이야기하고 마키를 지원해줄 수 있도록 도움을 얻는 게 좋겠지요."

"알겠습니다. 마키를 위해서라도 담임선생님과 상담을 해봐야겠어요. 오늘 상담하기를 정말 잘한 것 같아요. 감사합니다. 선생님이 남편보다 훨씬 의지가 되네요. 우리 남편은 전혀⋯⋯."

"네, 네. 답답하실 때는 언제든지 찾아오십시오. 무슨 말씀이건 경청하겠습니다."

딸과 경쟁하거나
딸에게 질투를 느끼는
행동은 금물

딸과 경쟁을 하거나 자신과 비교해서 질투를 하는 엄마도 있다.

"내가 어렸을 때는 너보다 훨씬 우수했어."

"그 정도로 기뻐하니? 수준이 정말 낮구나."

이렇게 말하는 엄마는 자기 자신에게 자신감이 없고 자신의 인생을 즐기지 못하는 사람들이다.

"사실, 하고 싶은 일이 있었지만 할 수 없었어", "내게는 아무런 능력이 없어"라는 불만이나 콤플렉스를 끌어안고 있기 때문에 딸을 인정할 수 없고 오히려 질투를 해서 발목을 잡는 것이다.

　엄마에게 질투를 받으며 자란 딸은 "나는 행복해지면 안 돼"라고 생각하게 된다. 엄마보다 행복해지면 죄책감을 느끼는 것이다. 부모 입장에서는 단순한 불평이더라도 딸의 입장에서는 인생 전체를 부정당하고 마음의 상처를 입게 된다.

　"나는 딸보다 못해", "딸이 더 행복해 보여서 억울해."

　딸을 대상으로 이런 질투는 절대로 하지 말자.

이상적인
어머니상에
얽매이지 말라

중학교 2학년인 와카나의 어머니는 사춘기로 접어든 와카나의 다양한 변화를 따라가지 못해 매일 초조한 마음으로 보내고 있다.

"반항기에 접어든 아이에게 잔소리를 늘어놓는 게 바람직하지 않다는 건 잘 알고 있지만 와카나가 친구와 아이돌 그룹 콘서트에 간다고 해서……. 콘서트는 밤에 하잖아요. 더구나 어떤 사람들이 모일지 알 수 없고요. 콘서트장에서 나쁜 남자에게 어떤 짓을 당할지도 몰라 걱정이 되어서……."

"저도 중학교에 다니는 딸이 있기 때문에 어머니가 걱정하는 마음은 충분히 이해합니다. 하지만 와카나의 생각에 귀를 기울여주는 것도 중요하지요. 이제 열네 살이니까요. 너무 걱정만 하지 마시고 긍정적으로 받아들여주시는 것도……."

"소심한 저는 도저히 불가능해요. 그리고 엄마는 아빠와 달라서 사소한 문제에도 신경이 쓰여요. 남편도 '당신은 잔소리가 너무 많아. 와카나의 기분도 이해하고 너그럽게 대해봐'라고 말하지만 저는 워낙 소심한 사람이라 아무리 관대해지려고 해도 걱정이 되어서요."

"……자, 자. 마음을 좀 가라앉히시고요. 제가 보기에 어머니는 전혀 소심한 분이 아닙니다."

"하지만 흔히들 그러잖아요. 마음이 넓고 무슨 일이 있어도 꿈쩍하지 않는 그런 엄마가 좋은 엄마라고요. 엄마는 화를 내거나 소란을 피우는 존재가 아니라 아이를 따뜻하게 지켜보면서 응원해주는 존재라고. 어떤 책을 보아도 그렇게 씌어 있지만 저는 무리예요. 그런 엄마는 될 수 없어요……."

"어머니라면 누구나 자식을 걱정하고 신경을 씁니다. 굳이 고민할 필요가 없는 문제를 이것저것 고민하게 되지요.

하지만 사춘기 아이는 부모의 손에서 벗어나 성장해가는 존재이기 때문에 일일이 걱정하다 보면 어머니 자신이 견딜 수 없습니다. 그러니까 조금만 긴장을 풀고 한 걸음 물러서서 지켜보는 게 좋습니다."

"긴장을 풀고 지켜보라고요? 그래도 괜찮을까요?"

"물론 귀가시간을 지킨다거나 위험한 장소에는 드나들지 않는다는 식으로 아이의 안전을 지키기 위한 최소한의 규칙은 정해둬야겠지요.

하지만 '사랑하는 아이는 여행을 시켜라'라는 말도 있지 않습니까? 좀 더 아이의 마음을 이해하고 모험을 해보게 하는 것도 나쁘지 않은 방법입니다. 아이는 그런 경험을 통해서 조금씩 어른이 되어가는 것이니까요."

엄마 자신의
초조함과 불안을
다루는 방법

아이가 뜻대로 따라주지 않으면 누구나 초조해진다. 자기혐오에 빠지거나 자신이 한심하게 느껴지는 경우도 적지 않다.

'아이의 예상치 못한 행동에 안정을 잃고 당황한다, 아무리 가르쳐도 말을 듣지 않는 아이에게 화가 난다, 자립하려 하는 아이의 행동에 걱정만 늘어간다…….'

육아는 부모 자신이 이러한 경험을 하면서 아이의 성장을 지켜보는 과정인지도 모른다. 특히 여자아이의 경우, 초등학생 정도까지는 편하게 키우기 때문에 사춘기가 되어 갑자기 발생하는 변화에 당황하는 부모가 많다.

엄마도 사춘기 아이를 상대하다 보면 초조함과 스트레스가 쌓인다. 따라서 그런 초조함과 스트레스를 아이에게 풀지 않도록 해소할 필요가 있다. 구체적인 방법을 소개해보겠다.

- 봉제인형을 준비해서 마음껏 팬다!
- 고함을 지르면서 종이를 찢는다.
- 혼자 노래방에 가서 큰 소리로 노래를 부른다.

어떤가? 마음속에 쌓여 있던 초조함을 마음껏 분출할 수 있을 것 같은 느낌이 들지 않는가? 이런 방법으로 자신의 초조함을 다루는 것을 '앵거 매니지먼트(anger management)'라고 한다.

우선, 위와 같은 방법을 실천해보자. 그리고 아이가 초조함과 불안을 느낄 때에는 아이와 함께 실천해보자. 마음껏 스트레스를 발산하는 것이다.

만약 엄마 자신의 초조함이나 불안감이 높아져 "이대로 가면 아이에게 손을 댈 것 같아", "이러다가 상상할 수 없는 심

여자아이 키울 때
꼭 알아야 할 것들

211

한 말을 할 것 같아"라는 생각이 들면, 혼자 화장실로 들어가서 10분 정도 앉아 천천히 심호흡을 해보자. 자신의 분노가 폭발하기 전에 분노에서 '피난'하는 방식을 통해 아이를 지킬 수 있을 것이다.

아로마 오일을 가지고 다니면서 그 향기를 이용하여 초조함을 진정시키는 방법도 있다. 나는 민트 계열의 아로마 스틱을 권한다. 교수회 등에서 초조함이 들 때 화장실에서 깊이 들이마시면 기분이 즉시 가라앉는다.

휴대전화나
소지품은
절대로 체크하지 않는다

사춘기 여자아이를 둔 엄마들 중에는 아이가 너무 걱정이 된 나머지 책상 서랍이나 가방을 뒤지거나 휴대전화를 일일이 체크하는 사람이 있다. 그러나 이것만큼은 절대로 해서는 안 된다. 이런 사생활 침해가 계기가 되어 엄마와 딸의 신뢰관계가 완전히 무너져버릴 수 있기 때문이다.

"우리 집은 맞벌이 부부이기 때문에 집에 돌아오는 시간이 늦어요. 그래서 와카나가 초등학교 5학년 때부터 휴대폰을 사주었어요. 하지만 중학생이 된 뒤부터 친구들과 문자를 보내는 횟수가 부쩍 늘어나서 신경이 쓰이네요. 아이에게 들키시만 않으면 휴대폰을 가끔 체크해보는 것도 나쁘지 않겠죠?"

"절대 안 됩니다! 아이는 분명히 알게 됩니다. 사춘기 여자아이는 부모가 자신의 사생활을 간섭하는 데에 매우 민감합니다. 휴대폰을 체크했다는 사실을 알게 되면 엄마에게 돌이킬 수 없을 정도로 강한 불신감을 가지게 됩니다."

"그래요? 하지만 혹시라도 학교에서 따돌림이나 괴롭힘을 당하고 있는 건 아닌지, 와카나가 어떤 생각을 하고 있는지 마음에 걸려서……."

"문자나 가방을 체크하면 설사 괴롭힘을 당하고 있다고 해도 부모에 대한 반발 때문에 더욱 입을 다물게 됩니다. 지금보다 훨씬 말수가 줄어들지요. 문자를 체크한 것이 원인이 되어 모녀관계에 금이 가고, 결국 성매매나 도둑질 같은 비행으로 달리거나 등교거부를 하게 된 아이도 적지 않습니다."

"네? 성, 성매매요? 도둑질, 등교거부……. 휴대폰 한 번 보았다고 그런 행동까지 한다고요?"

"그렇습니다. 그 정도로 싫어한다는 거죠. 휴대폰 체크, 가방 체크, 문자메시지 체크는 절대로 하지 말아야 합니다!"

"별로", "그냥"이라는 말만 하는 아이와는 대화 장소를 바꿔라

"하지만 선생님, 최근 들어서 와카나가 자신과 관련된 이야기를 전혀 하지 않아요. 초등학생 시절에는 무슨 일이건 모두 말해주었는데 중학생이 된 후부터는 제가 물어봐도 '별로', '그냥'이란 말로 대충 넘어가려 해요. 콘서트도 '친구랑 다녀올게'라는 한마디만 던지고 제가 이야기를 좀 하려고 해도 이야기할 틈을 주지 않아요."

"그럴 때는 와카나와 함께 외출을 하십시오. 거실이나 식탁에서 이야기를 나누려 해도 '또 잔소리를 들을 거야'라고 생각해서 귀를 기울이지 않을 겁니다. 그러니까 대화를 나눌 계기를 마련하기 위해 와카나와 함께 즐거움을 느낄 수 있는 장소로 외출을 하십시오. 패밀리레스토랑이나 카페처럼 와카나가 좋아하는 곳으로 가서 맛있는 음식을 먹으면서 슬쩍 이야기를 꺼내보세요. 장소를 바꾸는 것만으로 커뮤니케이션이 훨씬 잘 통하게 됩니다."

"그렇군요. 레스토랑이나 카페라면 맛있는 음식을 먹으면서 조용히 이야기를 나눌 수 있겠지요. 하지만 본론으로 들어가는 순간, 다시 입을 다물지 않을까요?"

"중요한 내용일수록 설교하는 말투는 삼가야 합니다. '이번에 간다는 그 콘서트 말인데 9시 30분까지만 돌아와주면 엄마가 정말 마음이 놓일 것 같아'라고 부탁하는 말투를 사용해서 즐거운 분위기에서 이야기를 나누세요. '이렇게 해'라는식으로 명령을 받으면 사람은 누구나 반발하고 싶어지지요. 하지만 부탁하는 말투로 구체적인 내용을 이야기하면 '그렇다면 생각해보겠다'는 마음이 들지요. 이 방식으로 반항기의 아이가 마음을 연 예가 많이 있습니다."

"그래요? 그럼 그렇게 해봐야겠네요."

위에서 바라보는
기준을 버리고
'같은 눈높이'에서 말한다

"관계가 나빠진 장소에서는 관계를 개선할 수 없다." 이것은 심리학의 기본적인 법칙이다. 중요한 이야기를 할 때에는 평소와 다른 장소를 선택하는 것이 효과적이다.

"중요한 이야기는 아이와 함께 맛있는 음식을 먹으면서 부탁하는 말투를 쓰면서 구체적으로 이야기하는 것이 가장 좋다"라고 말했다.

"부모가 아이에게 맞추는 것은 바람직하지 않다. 그런 식으로 대하면 아이는 더욱 말을 듣지 않게 된다!"

이렇게 생각하는 사람도 있을 수 있다.

하지만 사춘기 아이가 부모의 말을 받아들이지 않는 이유는 부모의 그러한 '위에서 바라보는 기준'을 싫어하기 때문이다. 엄하게 말하지 않으면 아이를 응석받이로 만들게 된다고 생각하는 부모도 적지 않을 테지만, 그런 자세 자체에 아이는 반발하고 입을 다물기 시작한다. 사춘기 아이와 대화를 할 때에는 설교를 하는 투의 '위에서 바라보는 기준'을 버리고 아이와 '같은 눈높이'를 유지하면서 아이를 존중하는 태도를 보여주어야 한다.

사춘기 아이는 이런 마음이 강하다.

"내 생각을 존중받고 싶어."

"명령은 싫어."

그렇다고 기분을 살피고 맞추어야 할 필요는 없지만, 아이에게 "지금까지의 위에서 바라본 기준은 버리고 너의 마음을 이해할 생각이다"라는 부모의 자세를 전달하는 것은 커다란 의미가 있다.

'웃음만 가득한 가정'이 아니라 '뭐든 편하게 말할 수 있는 가정'이 중요하다

"선생님, 저 와카나와 패밀리레스토랑에서 이야기를 나누었어요. '새로운 메뉴가 나왔는데 먹으러 가볼래?'라고 이야기했더니, 함께 가자고 하더군요.

선생님의 조언대로 위에서 바라보며 설교하는 듯한 말투를 버리고 이야기를 나누어보았어요. '콘서트에 가는 건 좋아. 하지만 귀가시간은 꼭 지켜주면 엄마가 마음이 놓이겠다. 낯선 남자들이 말을 걸어도 절대로 따라가면 안 돼. 혹시라도 무슨 일이 생기면 엄마가 걱정되잖아'라고요."

"아, 잘하셨습니다. 와카나의 반응은 어땠습니까?"

"그게, 뜻밖에 선뜻 '알았어. 귀가시간은 확실하게 지킬 테니까 걱정하지 않아도 돼'라고 말하는 거예요. 콘서트에 나오는 아이돌 이야기도 많이 들려줬어요. 최근에 유행하는 게임에 관해서도요……. 와카나가 정말 즐거운 표정으로 많은 이야기를 해주었어요."

"어머니의 진지한 마음이 그대로 전달된 것이지요. 와카나도 틀림없이 엄마가 자기를 소중하게 생각하고 있다는 생각에 기분이 좋았을 겁니다.

중학생, 고등학생 정도가 되면 어른이 되는 과정에 놓여 있기는 해도 아직 어린 부분도 남아 있기 때문에 '엄마 아빠가 나를 소중하게 생각하고 있어. 나는 엄마 아빠가 지켜주고 있어'라는 안도감을 얻으면 기분이 좋아지지요."

"하지만 선생님, 제가 '앞으로는 명령하는 말투는 사용하지 않도록 엄마도 신경 쓸게'라고 했더니, '엄마가 하는 말에는 신경 안 써. 엄마는 뭘 해도 실수만 해서 늘 아빠한테 구박만 들으니까'라고 말하는 거예요…….

정말 억울했지만 틀린 말이 아니기 때문에 반박할 수 없었어요. 딸에게 바보 취급을 받다니……. 좀 더 똑똑한 엄마가 되어야겠다는 생각이 들더군요."

"당치 않습니다. 그걸로 충분합니다. 평소에는 똑똑해 보이지만 가끔 실수를 해서 아빠에게 구박을 받는 엄마……. 집 안에 그런 '약간은 부족한 분위기'가 가끔 형성되는 것이 아이도 하고 싶은 말을 마음껏 하는 데 도움이 됩니다. 아이에 대해서 좀 더 자세히 알고 싶으면 휴대폰 체크를 하는 것보다 아이가 뭐든지 마음 놓고 말할 수 있는 분위기, 아이에게 어떤 문제가 발생했을 때 언제든지 고민을 털어놓을 수 있는 분위기를 만드는 게 훨씬 중요합니다."

"고민을 마음 놓고 털어놓을 수 있는 분위기요? 저는 아무리 노력해도 늘 뭔가 부족해서 남편에게 주의를 듣고 와카나에게도 놀림을 당해서 엄마로서의 체면이 서지 않아 항상 초조했어요. 그런데 그래도 상관없다고요? 이대로 있어도 괜찮다고요?"

"그럼요. 그 상태가 최고입니다. 여러 가지 실수도 하면서 아이의 이야기를 귀 기울여 듣고 '미안하다', '고맙다', '부탁한다'고 말할 수 있는 그런 엄마가 최고입니다."

싸움 한 번 하지 않고 늘 웃음이 넘치는 가정이 좋은 가정이라고 생각할지도 모른다. 이른바 '품격 있는 가정'이다. 그러나 그런 빈틈없는 가정이라면 아이는 오히려 하고 싶은 말도 마음 놓고 할 수 없다.

집단괴롭힘의 대상이 된 여자 중학생이 상담을 하기 위해 나를 찾아온 적이 있었다. 고통스러운 경험을 털어놓는 그 아이에게 "힘들었겠구나. 엄마나 아빠에게는 말했니?"라고 묻자 그 아이는 이렇게 말했다.

"그건 불가능해요. 우리 집은 웃음이 넘치는 정말 좋은 가정이에요. 그런데 제가 집단괴롭힘을 당하고 있다는 이야기를 꺼내면 밝은 분위기가 순식간에 사라질 거예요. 그 생각을 하면 도저히 이야기를 꺼낼 수 없어요……."

'밝은 가정'은 당연히 바람직한 가정이다. 하지만 그 이상으로 중요한 것은 아이가 무슨 말이건 마음 놓고 이야기할 수 있는 가정, 고민을 털어놓고 힘든 상황을 이야기할 수 있는 가정이다. 웃음만 가득한 가정이 아니라, 무엇이든 편하게 말할 수 있는 가정, 힘들 때에는 힘들다고 편하게 말할 수 있는 가정을 만드는 것이다.

여러분의 가정은 무엇이든 편하게 말할 수 있는 가정인가? 품격은 있지만 웃음만 가득한 가정이 되어 있지는 않은가?

겉으로 보기에만 사이좋은 가정은 만들지 말자. 아이를 건전하게 키우려면 '누구나 부러워하고 이상적인 품격 있는 가정'이 아니라 '힘들면 힘들다고 말할 수 있는, 무슨 말을 해도 받아들여지는 따뜻한 그릇 같은 가정'이 필요하다.

하루에 5분,
부부끼리
고민을 이야기한다

무슨 말이건 마음 놓고 이야기할 수 있는 가정을 만들려면 어떻게 해야 할까?

아이에게 "뭐든 상관없으니까 하고 싶은 말이 있으면 해! 알았어? 알았냐고?" 하며 윽박지른다고 되는 일이 아니다. 그런 가정을 만들려면 엄마 아빠가 그 모델이 되어야 한다.

"오늘 회사에서 부장이 괜히 성질을 내는 거야. 기분 정말 나빴어."

"그런 일이 있었어요? 직장생활은 정말 힘드네."

이렇게 하루에 5분이라도 상관없으니까 아이 앞에서 부부끼리 고민이나 힘든 상황을 이야기해보자.

구체적으로 해결책을 논의할 필요는 없다. 다만 "참 힘들었겠네요"라며, 서로 이야기하고 들어주는 것으로 충분하다.

긴 시간 동안 불평을 늘어놓는 것이 아니라 5분 정도면 충분하다.

"우리 집은 고민이나 불만이 있으면 마음 놓고 말을 해도 되는 집이야."

엄마 아빠가 이런 모범을 보여주는 것이다.

6장

'행복한 인생을 보내는 여자'로
키우자

육아의 목표는
무엇일까?

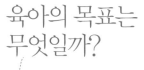

　　　지금까지 여자아이를 키우는 육아의 기본 원칙, 공부 방법, 다양한 고민을 이겨내는 방법 등에 관해 설명했다.

　여기에서 새삼 생각해보고 싶은 부분이 있다.

　지금 여러분이 온 마음을 다해 고민하고 있는 '육아', 그 목표는 과연 무엇일까? 좋은 학교에 입학하는 것일까? 경제적으로 자립하는 것일까? 사람마다 생각이 다르겠지만 대부분의 부모는 이렇게 생각할 것이다.

　딸이 장래에 '행복한 인생'을 보낼 수 있는 인간으로 성장하는 것.

이것 이상으로 중요한 것은 아무것도 없다.

따라서 마지막 장에서는 소중한 딸이 '행복한 인생을 보낼 수 있는 성인'으로 자라도록 하기 위해 특히 주의해야 할 부분들에 관해서 다루어보기로 한다.

아이에게
너무 많은 것을
주고 있는 건 아닌가?

이런 상담을 해온 여중생이 있었다.

"선생님, 다음 주에 제 생일이에요. 엄마는 제가 갖고 싶은 게 있으면 뭐든지 주고, 가고 싶은 곳이 있으면 어디든지 데려가주겠다고 하는데 저는 갖고 싶은 것도 없고, 가고 싶은 곳도 없어요. 하지만 그렇게 말하면 엄마는 틀림없이 슬퍼하겠죠? 엄마를 슬프게 하지 않으려면 내키지 않아도 뭔가 이야기해야겠죠?"

그 아이는 아마 자기가 무엇을 원하기 전에 부모가 미리 사 주었을 것이고, 가고 싶은 곳을 말하기 전에 부모가 미리 원 하는 장소에 데리고 가는 방식으로 자랐을 것이다. 부모가 지 나치게 앞서서 무엇이건 해주었기 때문에 자신이 무엇을 원 하는지, 무엇을 하고 싶은지 모르는 상태로 자란 것이다.

하지만 이것은 그 아이에게만 한정된 일이 아니다. 이렇게 '바라는 것이 없는' 아이들이 증가하고 있기 때문이다.

우리가 어렸을 때에는 원하는 것을 아무리 졸라도 쉽게 손 에 넣을 수 없었고, 가고 싶은 곳으로 데려가달라고 아무리 졸라도 한번 가보는 것이 정말 힘들었다. 하지만 지금은 원하 는 것이 있으면 즉시 손에 넣을 수 있고, 가고 싶은 곳이 있으 면 언제든지 갈 수 있다.

조금이라도 관심을 보이면 그것이 즉시 손에 들어오기 때문에 아이들은 자기가 무엇을 원하고 어디에 관심이 있 는지 모른다. 그 때문에 살아가는 능력, 생명력이 저하되고 있다. 이것은 결코 바람직한 현상이 아니다.

'욕(欲)', 즉 '바란다'라는 말에는 좋은 이미지가 없다. 욕심 을 내지 않는 것이 좋은 것이라고 생각하기 쉽다. 그러나 욕이 없다는 것은 무엇인가를 목적으로 필사적으로 노력할 수 있는 에너지가 없다는 의미이기도 하다. 욕은 인간이 살아가는 원동력이기도 한 것이다.

"여자아이에게는 그런 욕망이 필요 없는 것 아닌가요?"

이렇게 생각할 수도 있다. 그러나 여자아이에게도 "행복해지기 위해 최선을 다해 노력하자!"라는 욕망은 필요하다. 욕망이 없으면 행복을 붙잡을 수 없기 때문이다.

아이가
정말로 원하는 것만을
사준다

"하지만 제가 무조건 사주지 않으려고 해도 할아버지, 할머니가 사주시는 건 어떻게 할 수 없잖아요."

그런 불만을 느끼는 부모도 적지 않을 것이다. 하지만 함께 살고 있는 것이 아닌 한, 할아버지나 할머니가 주시는 선물은 '특별한 선물'이라는 사실을 아이도 잘 알고 있기 때문에 전혀 걱정할 필요가 없다.

주의해야 할 것은 부모나 함께 살고 있는 할아버지, 할머니가 일상적으로 물건을 사주는 것이다.

아이에게 무엇인가 사줄 때의 원칙은 다음 두 가지다.

- 정말로 원하는 것만을 사준다.
- 생일 등 특별한 기념일에만 사준다.

아이는 새로운 것을 보면 즉시 가지고 싶다고, 사달라고 말한다. 그러나 그것은 단순한 호기심에서 원하는 것일 뿐 정말로 원하는 것이 아닐 수도 있다.

"정말로 필요한 것 이외에는 사줄 수 없어. 저게 정말 필요한지 좀 더 생각해보자."

그렇게 말하고 "무엇이든 간단히 손에 넣을 수 있는 것은 아니다", "부모님이 사주는 것은 자신이 정말로 원하는 것뿐이다"라는 점을 확실하게 가르쳐주자.

이런 원칙이 있어야 아이의 "어떻게든 이걸 가지고 싶다!"는 마음이 강해진다. 그리고 그것이 아이가 살아가는 에너지로 작용한다.

아이를 꾸짖는
가장 바람직한 방법

최근에는 "아이는 가능하면 꾸짖지 않는 것이 좋다", "강한 말투는 피하는 것이 바람직하다"라고 생각하는 부모들이 적지 않다.

아이가 잘못된 행동을 했을 때, "○○야, 안 돼!", "왜 이렇게 말을 안 들어? 정말 어쩔 수 없네" 하고 남의 이야기를 하듯 중얼거리는 것만으로 아이를 꾸짖었다고 생각하는 사람도 있다. 그러나 이래서는 꾸짖는 것이 아니다.

야단을 칠 때는 엄한 표정과 또렷한 말투를 사용해서 아이가 "나는 지금 야단맞고 있는 거야"라는 사실을 확실하게 느낄 수 있도록 해야 한다.

단, 큰 소리로 고함을 지르거나 신경질적으로 야단을 치는 것은 역효과다.

아이를 야단칠 때에는 다음과 같은 점을 명심하자.

- 낮고 침착한 목소리로 천천히 말한다.
- 아이의 눈을 바라보면서 또렷하게 말한다.
- 무엇이 왜 나쁜 것인지 '구체적'으로 야단친다.
- 나쁜 짓을 했을 때 그 자리에서 '즉시' 야단친다.

평소에는 상냥하고 부드러운 엄마나 아빠가 진지한 눈길로 뚫어지게 자신의 눈을 바라보면서 낮은 목소리로 말을 하는 것이다. 이런 접근 방법이 아이에게 "나는 지금 야단맞고 있어!", "내가 하면 안 되는 행동을 했구나"라는 긴장감을 주게 된다. 고함만 질러대는 것보다 이것이 훨씬 효과가 크다.

아이는 야단을 맞았다고 해서 엄마나 아빠를 '나쁜 부모'라고 생각하지는 않는다.

"지금은 무섭지만, 중요한 걸 확실하게 가르쳐주시려는 거

야. 하지만 사실은 나를 사랑해"라고 생각할 정도로 야단을
치는 것이 가장 효과적이다.

"공부 좀 해!"라는 말은 하지 않는다

　　"행복하게 살려면 공부를 해서 좋은 학력을 갖추어야 한다."

　대부분의 부모들은 이렇게 생각할 것이다. 그러나 '행복한 인생을 보내는 여성'이 되기 위해 필요한 것은 학력이 아니다. 가장 중요한 것은 공부가 아닌 것이다.

　인생을 살아가는 데 무엇보다 중요한 것 한 가지. 그것은 아이가 "이것만 있으면 행복하다!"고 느낄 수 있는 '몰두할 수 있는 무언가'를 발견하는 것이다. 자기 자신을 잊고 몰두할 수 있는, 진심으로 집중할 수 있는 대상을 발견하는 것이 행복한 인생을 보내는 데 무엇보다 중요하다. 공부는 그것을 발견하기 위한 수단에 지나지 않는다. 아이가 행복한 인생을 살기를 바란다면 "공부 좀 해!"라는 말만 할 것이 아니라, 아이가 평생에 걸쳐 몰두할 수 있는 대상을 찾을 수 있도록 도와주어야 한다.

하지만 유감스럽게도 대부분의 부모들은 몰두할 수 있는 대상보다 공부를 우선하기 쉽다. 공부를 통해 아이의 재능을 키워주어야 한다고 생각하여, 그보다 훨씬 중요한 '아이가 어떤 대상에 몰두하는가'를 뒤로 제쳐두는 것이다.

예를 들어, 열심히 만화를 그리고 있는 아이에게 "만화만 그리지 말고 이제 공부 좀 해!"라고 말해버린다. 흙장난을 하는 아이에게 "옷 더러워지니까 흙장난 좀 하지 마!"라고 말한다……. 이런 일을 되풀이하면서 대부부의 부모들은 아이가 몰두할 수 있는 대상을 모두 차단해버린다.

대학생들과 이야기를 나누어보아도 "저는 몰두할 수 있는 대상이 없어요", "뭘 해도 집중할 수 없어서 고민이에요"라고 말하는 학생이 적지 않다. 그리고 그것이, "되고 싶은 것이 없다", "그래서 어떤 일을 해야 좋을지 모르겠다"는 고민으로 이어진다. 실제로, 그 때문에 취업 준비를 시작하지 못하는 학생도 있다.

그 원인 중 하나는 어린 시절에는 가지고 있었을 '몰두할 수 있는 대상'에 몰두하는 가능성을 부모가 빼앗아버렸다는 것이다. 아이가 무엇인가 몰두하는 대상이 있으면, 설사 그것이 부모에게는 의미 없고 도움이 되지 않는 것처럼 보이더라도 막지 말고 긍정적으로 지켜보자.

중요한 것은 부모가 아이에게 해주고 싶은 것을 하는 것이 아니라, 아이가 몰두하는 세계를 지켜보고 아이의 내부에 감추어져 있는 재능의 싹을 키워주는 것이다.

아이가 무언가에
몰두해 있는 상태를
놓치지 말라

아이는 무엇인가에 몰두해 자기 자신을 잊으면 주변 상황을 거의 깨닫지 못한다. 자신의 세계에 완전히 몰입해 버리는 것이다. 이렇게 되면 엄마의 목소리도, 텔레비전의 소음도 귀에 들어오지 않는다.

부모 입장에서는 "그만 좀 해!" 하고 소리를 지르고 싶겠지만 사실 이런 상황이야말로 아이의 숨겨진 재능의 싹이 고개를 들기 시작하는 것이다. 아이가 천성적으로 갖추고 있는 재능이 빛을 발하기 시작하는 주옥같은 시간이다. 빠르면 두 살 즈음부터 이 같은 '무아(無我)의 시간'이 찾아오기 시작한다.

이 주옥같은 시간을 가능하면 소중하게 지켜보도록 하자.

"그만 하고 빨리 밥 먹어!"

이렇게 차단하지 말자.

만약 아이가 밥 먹으라는 말을 무시하고 무언가에 몰두할 수 있다면 그야말로 박수를 쳐야 할 상황이다. 식사도 뒤로 미룰 정도로 뭔가에 열중한다는 것은 아이의 집중력이나 탐구심이 꽃을 피우기 시작했다는 증거이기 때문이다. 이럴 때에는 너그럽게 이해해주자.

"빨리 오라니까!"

무엇인가에 몰두해 있는 아이를 윽박지르듯 방해하지 말고, 따뜻한 눈길로 지켜보면서 마음속으로 응원해주자.

경제적으로
자립할 수 있는
여성으로 키워라

아들러심리학에서는 인생의 기본 과제로서 '최선을 다해 노력할 수 있는 일을 하는 것', '친구나 동료와의 신뢰 관계', '사랑이 있는 이성과의 관계, 결혼'의 세 가지를 꼽는다. 행복하게 살아가려면 이 세 가지가 매우 중요하다는 것이다.

- 최선을 다해 노력할 수 있는 일을 하는 것
- 서로 신뢰할 수 있는 친구나 동료를 만드는 것
- 이성과 바람직한 관계를 맺는 것

초등학교에 갓 입학한 여자아이를 둔 어느 어머니로부터 이런 상담을 받았다.

"일하는 것이 중요하다는 사실은 잘 알고 있지만 최근에는 불황 때문에 전업주부가 되려는 경향도 강하지 않나요? 여자 아이의 행복을 생각하면 일보다는 연애나 결혼을 중시하는 쪽이 나을 것 같다는 생각이 들어요.

딸에게 여자니까 일을 하는 것보다 좋은 사람 만나서 결혼하는 게 가장 행복한 거라고 가르쳐주어야 하는 건 아닌지……. 제 생각이 고루한 건가요?"

"확실히 최근 들어 열심히 일하는 것보다 전업주부로 살고 싶다고 말하는 여대생이 급증하고 있습니다. 스트레스를 참아가면서 돈을 버는 것보다 연봉이 일정 수준을 넘는 남성과 결혼해서 가사나 육아에만 신경을 쓰고 싶다고 생각하는 여성이 증가하고 있지요.

하지만 제 생각은 다릅니다. 앞으로 일본 사회가 어떤 상황에 놓이게 될지 알 수 없습니다. 결혼을 해서 가정에 충실하다고 해도 남편이 다니던 회사가 부도를 낼 수도 있지요. 인구가 감소하고 성장은 낮아질 가능성이 높기 때문에 그럴 가능성은 결코 낮지 않습니다. 따라서 전업주부로 편하게 살 수 있다는 보장은 없습니다.

경우에 따라서는 이혼을 생각할 수도 있겠지요. 지금 현재 이혼율이 3분의 1이라고 합니다. 따님이 결혼할 때에는 더 올라가겠지요.

그리고…… 불안을 부추기는 것 같습니다만, 남편이 40대의 젊은 나이에 세상을 뜰 수도 있지 않겠습니까?

이런 생각을 해보면 앞으로 전업주부로 사는 것이 바람직하다는 생각을 바탕으로 여자아이를 키우는 건 위험이 너무 높다고 말하지 않을 수 없습니다."

"그렇군요. 전업주부라고 해도 우리 때와는 사정이 다르군요. 저는 부모님에게 좋은 사람 만나서 행복한 결혼을 하는 게 가장 바람직하지만, 앞으로는 경제적으로 자립할 수 있는 능력을 갖춰둘 필요도 있다는 말씀을 듣고 자랐어요.

제 입장에서는 결혼을 하는 게 좋다는 것인지, 독신으로 사는 게 좋다는 것인지 꽤 당황했지만……. 앞으로는 설사 전업주부가 첫 번째 희망이라고 해도, 어떤 상황이 벌어지면 자신과 아이들의 생활비는 스스로 벌 수 있는 여성으로 키우는 것이 중요하다는 말씀이지요?

우리 아이에게도 능력을 갖추어서 경제적으로 자립할 수 있도록 가르쳐야겠어요."

일하는 즐거움을 아는
여성으로 키워라

앞으로의 불안정한 세상을 생각하면 이 어머니의 말처럼 여자아이를 경제적으로 자립할 수 있는 사람으로 키우는 것이 바람직하다.

여자아이 서너 명 중 한 명은 평생 결혼을 하지 않는다. 결혼을 한다고 해도 세 명 중 한 명은 이혼을 하고, 남편이 갑자기 병에 걸려 세상을 뜨거나 구조조정이나 대폭적인 수입 감소 등이 발생할 수도 있다……. 그렇게 생각하면 딸이 자신과 아이들의 생활비를 벌 수 있을 정도의 경제력을 갖추어두는 것은 당연하다고 말할 수도 있다.

나도 딸아이에게는 '일할 수 있는 여성'이 되라고 가르치고 있다. 그러나 문제는 그 일의 '내용'이다. 생활 때문에 하고 싶지 않은 일을 계속하는 것만큼 고통스러운 일은 없다.

내가 딸아이에게 전하고 싶은 것은 일은 즐거워야 하고, 그와 동시에 다른 사람이나 세상에 도움이 되어 즐거움을 줄 수 있어야 한다는 것이다. 일에 꿈을 부여할 수 있어야 한다는 의미다.

여자아이에게 직접적으로 "경제적으로 자립해야 한다", "직업을 가져야 한다"라는 말을 하면 그 아이는 일에 대해 '생활을 위해 하고 싶지 않은 일을 어쩔 수 없이 해야 하는 것'이라는 이미지를 가지게 된다.

물론, 일하는 것이 즐겁기만 한 건 아니다. 참아야 할 때도 있고, 하고 싶지 않은 것을 해야 하는 경우도 얼마든지 있다. 그러나 그런 현실만을 가르치기 전에 우선 '일을 하는 즐거움', '일을 하는 보람'을 가르쳐야 한다.

"공부 좀 해!"라는 말을 들으면 오히려 공부에 의욕을 잃어버리는 것과 마찬가지로 "자립해!", "직업을 가져야 돼!"라고만 말하면 아이는 일에 의욕을 느낄 수 없다. 일이란 즐거움을 느끼게 해주면서 다른 사람이나 사회에 도움이 되는 소중한 것이라는 생각을 반드시 가르쳐주자.

일을 하는 즐거움을 아는 여자아이로 키우는 것……. 그것이 부모가 딸에게 해줄 수 있는 '인생 최대의 보험'이다.

아이는
가까운 사람과의 교류를 통해
꿈을 발견한다

　　　　　일하는 즐거움이나 기쁨을 구체적으로는 어떻게 가르쳐주어야 할까?

　내가 가장 권하고 싶은 방법은 아빠 엄마의 친구들을 이용하는 것이다. 다양한 직업에 종사하고 있는 친구들을 집으로 초대하여 아이와 직접 이야기를 나누게 해준다.

　과자나 빵을 만드는 사람, 집이나 건물을 설계하는 사람, 광고나 잡지를 디자인하는 사람, 꽃이나 나무를 기르는 사람, 병원이나 시설에서 일하는 사람 등 다양한 직종에서 일하고 있는 친구나 친척을 집으로 초대해 일의 내용이나 보람 등에 관하여 구체적으로 들을 수 있게 해준다.

현장에서 일하고 있는 당사자로부터 일대일로 이야기를 듣는 것은 아이에게 커다란 자극이다. "이러이러한 일을 하면서 이런 재미를 느낄 수 있고 사람들에게는 이러이러한 도움을 준다. 하지만 이러이러할 때에는 힘이 든다"는 식의 에피소드를 당사자로부터 직접 들을 수 있다는 것은 매우 귀중한 기회다. 학교에서 개최하는 강연회보다 아이의 인생에 훨씬 큰 영향을 끼친다.

애당초 아이들은 대부분 세상에 존재하는 다양한 직업에 대해 거의 모른다.

초등학교 3~4학년 정도의 여자아이에게 "어른이 되면 어떤 직업에서 일하고 싶니?"라고 질문을 던지면 학교 선생님, 보험 외판원, 제과점 주인, 꽃가게 주인 등의 대답이 대부분이다. 이것은 자신이 동경하는 직업이 아니라, 실제로 알고 있는 직업 중에서 한 가지를 선택했을 뿐이다.

초등학교 3~4학년 정도까지는 그래도 상관없을 수 있지만, 5~6학년이나 중학생, 고등학생, 대학생이 될수록 다양한 일의 재미나 즐거움을 느끼게 해주어야 한다. **다양한 일**

에 관해서 현실적인 부분을 알 수 있는 기회를 조금이라도 더 자주 만들어주어야 한다.

그리고 그렇게 하려면 엄마 아빠의 교우 관계를 최대한 활용하여 집으로 초대하거나 가족끼리의 만남을 통해서 다양한 직업에 종사하고 있는 사람들을 실제로 만나보게 하는 것이 가장 바람직하다. 친구가 그 일을 하는 즐거움과 재미를 구체적으로 전할 수 있도록 '스페셜 게스트 선생님'을 만드는 것이다. 때로는 미국의 가정처럼 홈파티를 개최하는 것도 나쁘지 않다. 그것이 부모가 아이에게 해줄 수 있는 가장 바람직한 '커리어 교육'이며, 아이가 장차 '되고 싶은 사람', '하고 싶은 일'을 발견하는 데 가장 좋은 자극이 된다.

마치는 글

이 책에서는 여러분의 소중한 딸을 '행복한 인생을 사는 여성'으로 키우기 위한 사랑과 행복으로 가득한 구체적인 육아 방법을 심리학 이론을 바탕으로 소개했다. 마지막으로, 엄마 아빠 자신이 행복하게 사는 것이 육아에서 무엇보다 중요하다는 점을 다시 한 번 강조한다.

물론, 육아는 즐겁기만 한 것이 아니다. 너무 힘들어서 그만두고 싶어질 때도 있고 숨이 막힐 것 같아 모든 것을 포기하고 싶어질 때도 있다. 딸이 집단괴롭힘을 당하거나 격렬한 반항을 하면 "차라리 낳지 말았어야 했어"라는 후회 때문에 눈물을 흘릴 수도 있다.

하지만 그것 역시 아이가 '보이지 않는 세계'에서 부모에게 가져온 과제다. 육아의 고통을 통해 부모 자신의 영혼이 아이와 함께 성장할 수 있도록 아이가 가져온 고통의 선물이다.

아이가 무엇인가 난처한 행동을 한다면 그것이 아이 자신의 성장에 필요한 것일지도 모른다고 생각하자. 동시에 그런 행동은 엄마 아빠 자신의 인간적인 성장을 촉진하기 위한 것일지도 모른다.

때로는 육아에 지쳐서 모든 것을 던져버리고 싶은 경우도 있을 수 있다. 그럴 때에는 10분이라도 좋으니 아이들에게서 떨어져 심호흡을 해보자. 그리고 마음속으로 이런 주문을 외어보자.

"내 영혼은 무한한 사랑으로 가득한 우주와 연결되어 있다.

내 딸의 영혼도 무한한 사랑으로 가득한 우주와 연결되어 있다.

내 딸의 영혼은 무한한 사랑으로 가득한 우주로부터 나를 선택해서 나에게로 찾아왔다.

고마워.

고마워.

고마워.

나를 선택해서 태어나주어서 정말 고마워.

모든 것은 이 보이지 않는 세계가 내게 준 선물이다.

영혼의 자각과 학습과 성장을 위해 내게 주어진 선물이
다……."

그렇게 하면 딸의 몸 전체가 사랑으로 가득한 하얀 빛에 감
싸여 있다는 사실을 깨닫게 될 것이다. 그걸 깨달았으면 힘주
어 끌어안고 붉은 뺨에 힘껏 뽀뽀를 해주자.

여자아이 키울 때
꼭 알아야 할 것들

초판 1쇄 발행 2013년 4월 22일
초판 6쇄 발행 2019년 5월 23일

지은이 | 모로토미 요시히코
옮긴이 | 이정환
펴낸이 | 한순 이희섭
펴낸곳 | (주) 도서출판 나무생각
편집 | 양미애 조예은
디자인 | 박민선
마케팅 | 이재석 한현정
출판등록 | 1999년 8월 19일 제1999-000112호
주소 | 서울특별시 마포구 월드컵로 70-4(서교동) 1F
전화 | 02)334-3339, 3308, 3361
팩스 | 02)334-3318
이메일 | tree3339@hanmail.net
홈페이지 | www.namubook.co.kr
트위터 ID | @namubook

ISBN 978-89-5937-321-5 04370
ISBN 978-89-5937-322-2 (set)